深呼吸 ✈
英國✕愛爾蘭

DEEP BREATHING
UNITED KINGDOM · IRELAND

英國是乘載厚重時光的群島,愛爾蘭如同一座翡翠之島。
悠遊英國、愛爾蘭,
歷史文化與自然桃源的深呼吸之旅。

邱千瑜・著

深呼吸

自序
PREFACE

英國、愛爾蘭，是說了好幾次要去，但一直都還沒去的地方。

其實自小到現在，傳說故事看最多的就是英國的文學，美聲歌曲聽最多的就是愛爾蘭的音樂，對這兩個地方是充滿憧憬的；不列顛滿載著歷史的古老氛圍，也著實吸引著我。這趟旅程，把幻想中的腳印印上了實景。

Once Upon A Time

在很久很久以前的西元前時代，塞爾特（Celts）民族的蓋爾族（Gaels）來到了不列顛島，帶來了最初根深於此地的塞爾特文化。後來，另一支塞爾特民族的不列顛族（British）也來到此地，趕走了大部分的蓋爾人，從此不列顛島最主要的民族即為不列顛族，"Britain"這個名字也由此而來。

而後，經過了羅馬帝國、日耳曼的薩克遜人（Saxons）、維京人（Vikings）、諾曼人（Normans）一直到都鐸王朝（Tudor），英國的歷史經過了數波動盪不安。今日，這個昔時的「日不落國」是融入了各個不同民族的「大不列顛及北愛爾蘭聯合王國（United Kingdom of Great Britain and Northern Ireland）」，也因為融入了許多民族，現在她所閃爍的，是古老睿智的光芒。

那麼之前被趕走的蓋爾人又到哪裡去了呢？他們來到了今天的愛爾蘭島，在這裡將塞爾特傳統的歌舞民俗發揚光大，經

歷了嚴酷的大飢荒、內戰，抵抗了英國曾經的高壓統治，並創出了四位諾貝爾文學獎得主的文學奇蹟及「塞爾特之虎（Celtic Tiger）」的經濟奇蹟。今日的愛爾蘭，雖然英語已經是主要語言，但塞爾特文化仍是這裡最主要的標誌，「大河之舞」的光芒散播到全世界。

深呼吸

　　這趟英國愛爾蘭之旅，是一次歷史文化與自然桃源的深呼吸。英國就是乘載著厚重時光的群島，似乎每踏入一個不同的地方，就有不同的故事可以汲取，就有不同的過往可以沉浸，而週遭又處處是幽雅或特殊的景致。在這裡，闖入時光是很正常的，只有時光之旅，才能看到面紗下的不列顛。

　　一定要說說愛爾蘭的天氣，平均每五分鐘改變一次。上一秒還是艷陽高照，下一秒就雨絲紛飛；而在滂沱大雨中撐開傘後，又會發現必須馬上在探出頭的陽光中收起傘。但愛爾蘭就如同一座翡翠之島，離開大城市後，眼目所及皆是翠綠遍佈，自然奇景參差其中，這個時候再配上愛爾蘭音樂，就是一種享受了。

　　如果準備好了，就好好來一趟悠遊吧！

　　英國、愛爾蘭，深呼吸之旅。●

CONTENTS

深呼吸，英國 · 愛爾蘭

DEEP BREATHING

愛丁堡

彭里斯

溫德米爾

史特拉福　　劍橋

卡地夫　　　溫莎

巴斯　　　　　倫敦

巨石陣

UNITED KINGDOM

時光步履：英國

UNITED KINGDOM

UNITED KINGDOM

巨石陣
STONEHENGE

首先映入眼簾的,是草原、羊群,以及烏鴉。

因為到得早,巨石陣還沒開放參觀,只能先在外面遠眺那聳立的巨大石塊。這兒是我從好幾年前就說有一天一定要來的地方,因為這幾塊古老的巨石,是很多傳說故事會出現的場景,不管是魔法、外星人、星象、還是宗教儀式,她總是戴著一層厚厚的神祕面紗;而我,是個容易被神秘事物吸引的人。

關於這座巨石陣,有好多不同的傳說。有人說,這是亞瑟王(King Arthur)時期的偉大魔法師梅林(Merlin)利用法術從愛爾蘭運到不列顛島來的;有人說,這是外星人來到地球建造的;有人說,這是巨人族忽

· 翻拍看板上的空照圖

・巨石陣復原圖

然僵化所形成的；有人說，這是塞爾特古老的德魯伊教（Druid）所建立的神殿。

也有個傳說故事說，這是一個惡魔從一位愛爾蘭老婦人手中奪得的。這位惡魔覬覦老婦人所擁有的巨大石頭，便對老婦人說，她數到多少時他把那些石頭搬完，他就付那個數目字的錢給她。老婦人不疑有他，想著那些巨大的石頭一定需要很長的時間才能搬完，便很高興地答應了惡魔。沒想到，惡魔運用魔法，在老婦人還沒開始數的一瞬間，就把所有的巨石帶走了。

透過近代的考古研究才知道，巨石陣是幾千年前的古老民族所建造的，建造時間分三個階段，約於西元前3050至1500年之間。在很長一段時間裡學者都相信，巨石陣的精細方位和排列，是古人以驚人的知識來觀測星象用的，是古民族的天文儀；但更新的挖掘出土後，巨石陣是一座史前古墓的說法更為人所接受，她周圍許多隆起的土堤已被證實都是古人的墳墓。

參觀時間一到，走近巨石陣周圍，才知道遠眺時的景觀根本不足為奇；只有走近她，才能瞻仰她的巨大與神奇。當然，原始

· 巨石陣

的巨石陣一定不是像這樣殘缺地一塊塊，據推測是一個完整的環狀，但許多質料較輕的石頭或毀壞、或被各個時代的人搬走作其他用途，而僅遺留下這些堅硬的直立柱狀。

巨石陣的用途究竟是天文、宗教、還是古墓，至今仍是不可解的謎；而古人究竟是如何把這些不屬於這個地區的巨石搬到這裡來，更是另一個不可思議的神秘。也許巨石陣的秘密永遠也破解不了，但又何妨？也許就是因為有這層厚重的面紗，巨石陣才會這樣年復一年地散發著光芒，吸引來自世界各個角落的遊人來到她的身畔，感受她的神秘，並為她編織出一頁又一頁的傳奇故事，讓更多的人得以一窺幻想國度的領地。

沿著草原中間的步道，繞巨石陣一周，吹來的風涼而不寒，有幾隻烏鴉不斷地繞著巨石陣上空飛旋，或停歇在巨石上頭。是不是這群黑羽鳥兒，也感受到了神祕的吸引力呢？

也許。就讓謎永遠是謎吧。這樣，古老的故事才能繼續被鑲嵌在神秘中，讓佇立在草原上的巨石們，不斷述說，一代、又一代。●

巴斯
BATH

知道英國南部有這麼一座古老城市，已經不記得是在什麼地方及什麼時候了。也許，跟羅馬帝國有關；也許，跟珍・奧斯汀（Jane Austin）有關；也許，跟誰有關也不重要了。

抵達巴斯，正是中午時分，這座城鎮鼎沸的時刻。街上人潮雖不算洶湧，但也絕不是稀落，英國的標誌──雙層觀光巴士穿梭在大街小巷中，而放眼望去都是古老的建築。是了，這就是巴斯，一座從時光中洗滌出來，共存著不同時代風華的古城。

巴斯的建城，傳說是在西元前860年左右。一位王子因患了痲瘋病被流放到這裡，一次無意中為了抓在熱泥中打滾的豬，竟將自己的痲瘋病也治好了，後來這位王子登基成了國王，便興建了巴斯這個城市。再後來，這座城市在羅馬帝國統治時期大加擴建，並修建了許多浴池；中世紀沒落了一段時間後，十八世紀末、十九世紀初由建築師伍德父子（Woods）重建這座城市，使她成了現在的風貌。如今，巴斯是英國著名的溫泉勝地，除了保存著羅馬帝國的榮光外，《傲慢與偏見（Pride and Prejudice）》、《理性與感性（Sense

· 巴斯的美麗風光

1. 普特尼橋　2. 普特尼橋上
3. 雅方河畔

and Sensibility）》的作者珍・奧斯汀也在這裡居住過一段時間。

　　第一眼見到的河水是雅方河（Avon River），上面橫跨著一座很特別的橋。這是普特尼橋（Pulteney Bridge），古樸，但典雅，帶有一點義大利佛羅倫斯風味。但她特別的還不在這裡，拐個彎走上橋就會懷疑，我們真的在橋上了嗎？只見街道和兩旁房屋商店依舊，若不注意看，真的會以為自己只是走在尋常的「地面」街道上。

　　在午後的悠閒氣氛下，我們往城中心走去。佇立的高聳建築是巴斯大教堂（Bath Abbey），前方的大廣場在溫暖陽光照耀下，是巴斯最生氣蓬勃的地方。如歐洲每個廣場般，街頭藝人在廣場中央賣力演奏，四周座椅上坐著三三兩兩或閒聊、或曬太陽的人，而旁邊就是巴斯最著名的羅馬浴場。

再現羅馬風華：羅馬浴場
Roman Baths

　　巴斯（Bath）這個名字即是「澡堂」的意思，由此可知，在羅馬時代，這裡的浴池是多麼重要的一個場合。

　　羅馬浴場約建於西元一世紀的後半，羅馬帝國統治英國的時期，是當

·巴斯大教堂

時人們社交、休憩的場所。後來隨著時代變遷，浴池逐漸被塵灰掩蓋，直到1870年修築馬路，預備在這個地方建造一座溫泉池時，才在地面下方六公尺左右的地方發現了這個古老的羅馬遺跡。現在它的上方建成博物館，下方浴池則保留原貌，供世界各地的遊人一窺羅馬時期的浴池面貌。

在羅馬人攻佔之前，這個泉水地原本就是當地居民的聖地，供奉女神Sulis的地方。羅馬人到來後，並未破壞居民的原始信仰，而是把羅馬女神Minerva與其結合，成了浴場旁神殿所供奉的泉水及智慧女神──Sulis Minerva，現在博物館中依然能看到這位女神的雕像。

浴場的中心是一座大浴池，是整座羅馬浴場的重點，也是最吸引我的地方。這個

1. 俯瞰大浴池，外頭後方是巴斯大教堂
2. 羅馬時期的大浴池

浴池從被挖掘出來後便保持原
樣，不只池邊的階梯、石柱、
基座是羅馬時代的樣貌，就連
池水都維持著挖出來時的樣
子，不知道是不是沉積了幾千
年的泉水呢。從入口進來後會
先在上層俯瞰這座大浴池，周
圍一圈都是羅馬名人的雕像，
我稍微看了一下介紹牌，其中
包括凱撒大帝和君士坦丁大
帝。進博物館建築裡參觀後，
會從下一層直接走出來到大浴
池旁邊，走在浴池四周，親自感受身處古羅馬浴池的感覺。

　　博物館裡有模擬古代羅馬人在這裡生活的動畫，看完之後走
到浴池，閉上眼睛，似乎可以想像穿著寬袍、綁帶鞋在這兒走動
的人影樣態。在我們要離開大浴池前，忽然看見一個全身披著白
衣袍、穿著羅馬式綁帶鞋的人出現在池邊，似乎正喃喃頌禱的樣
子。也許是個修士吧？或者是表演？如果是表演，那也太逼真
了。難不成，是古老羅馬修士有感於這個地方的重見天日，而來
重現在現代遊人面前嗎？

　　就算真的是古人到來，我想也不需要訝異了。反倒是我們，
在這樣一個舉目皆是羅馬時代景物的地方，似乎也該穿上寬衣寬
袍，梳起髮式，套上綁帶鞋，用羅馬人的方式行走。

　　那麼，就讓這個古樸的巴斯午後，再加入一點羅馬元素。也
許，我們也能被滔滔的時光洪流，徹底洗滌一番。●

時光步履：英國 UNITED KINGDOM

卡地夫
CARDIFF

進入英國南部的威爾斯（Wales）時，天空微陰時晴，風輕輕吹來，很清幽。

這座城市是卡地夫，是聯合王國西南部威爾斯公國的首府。她是歐洲最年輕的首府，也是威爾斯最大的城市；但漫步在街道中，不會感覺太多的喧囂擾攘，而是一種清新的活力，週遭許多典雅的建築也增添了視覺上的舒適。也許，這就是威爾斯的味道。

走在城中心，不會忽略一棟典雅的灰白色建築，前方是幾柱噴泉，及一大片翠綠的草坪，這是卡地夫的市政廳。說它美，不在於雕飾的多少或規模是否輝煌，而是古典的樣式之中，所流露出的雅致美；它也不比其他的市政廳要大，但它擁有的典麗輝煌感，絕不輸其他市政廳。

1. 卡地夫市政廳　2. 近看市政廳

．卡地夫城堡的諾曼要塞

1. 城堡內部，稍微不那麼金碧
   輝煌的書房
2. 諾曼要塞裡面的中央，還可
   以再爬上去
3. 諾曼要塞上俯瞰城堡建築

看盡時光：卡地夫城堡 Cardiff Castle

　　另一幢不會忽略的建築，就是距離市政廳不遠的卡地夫
城堡。

　　延展的城牆及高聳的城門，走在外頭路上就能感覺到城堡的
氣息，而其實現在看到的都還是後期增建的。進入大門，隔著一
片廣大的翠綠草地，首先注意到的就是對面居高臨下的一座堡
壘，這個，才是這座城堡最原始的部份。

這座堡壘叫諾曼要塞（Norman Keep），原本整座城堡就是個戰略要塞，約在西元前50年由羅馬人所建。這座城堡在十八世紀時由彼特家族（Bute）所擁有，十九世紀時的彼特侯爵三世被認為是當時世界上最富有的人，他聘請了一位建築師來重新整建城堡的建築及內部裝設，現在所看到堡壘以外的部份，都是十九世紀所建的。在二十世紀中，彼特家族決定把城堡捐贈給卡地夫，開放給全世界的遊人來一瞻她的風貌。

踏進城堡建築內，頓時震懾於它的金碧輝煌，每個房間都裝飾得好像金子不用錢一樣，有個房間的天花板還雕飾了仿維京船的樣式。不過說真的，雖然這些裝潢真的極盡富麗堂皇之能事，但我真的不覺得住在這些到處都金光閃閃的房間裡感覺會舒服。相反地，最吸引我的還是那一間書房，少了一些金光閃耀，排列的木製書架上都是些看起來好古老的書，如果給我選擇的話，我會願意捨棄那些華麗的房間，而多要幾間這種書房吧。

走到室外，穿越草坪中央的小徑，就來到了獨立於城堡建築外的諾曼要塞下方。爬上門口的石階梯很蜿蜒，需要沿著扶杆忽左忽右地走，但一爬到殘缺的堡壘中心，就完全能感受到，這的確是洗盡歷史的古老遺跡。再沿著小階梯往上爬，會經過幾間同樣殘破的石室，這是當年居住在這裡的貴族的起居室，旁邊凹進去的空間是當時的廁所，巧妙的設計可以直接通到堡壘外。接著會碰到圓塔裡狹窄的環狀階梯，需要一步一小心，但爬上去就是海闊天空，像瞭望台一樣的塔頂不只能俯瞰城堡建築，連周圍的景色都能一併觀賞。

我想諾曼要塞真的是卡地夫城堡的精華吧。下了許多段不同的階梯，再從草坪上遠眺它，引人注意的不只是它顯著

1

2

1. 卡地夫市郊，白色建築
　就是我們的飯店
2. 屬於飯店的湖畔，母鴨
　和一窩毛茸茸的小鴨

的外型及居高臨下的位置，而更在於它所承載的濃厚歷史。比起
一旁的城堡建築，似乎這座殘破堡壘看盡了更多人世鉛華，更多
聚散離合。

　　這是威爾斯的首府卡地夫。位在郊區的飯店很清幽，白色建
築的後方有一潭澄靜小湖、湖畔類似蘆葦的水生植物，以及一片
翠綠的小丘。飯後漫步在圍繞著湖的步道，湖畔還有一隻母鴨，
和一窩毛茸茸的小鴨。

　　慢慢走，歐洲夏季充足的天光，還足夠享受一陣子的晚風。●

踏一個優雅步伐

愛丁堡
EDINBURGH

下了船,車子從一邊是湛藍海洋、一邊是翠綠草原的景色,一直開到島的另一邊。這裡是蘇格蘭(Scotland),我們的目的地是蘇格蘭首府愛丁堡。

與其說這座城市在時光中翻滾了數回,所以充滿吸引人的歷史陳跡;或者說她長期佔著關鍵的位置,所以充滿讓人一探究竟的渴望;乾脆說,因為她是愛丁堡,而我是遊人中最會被古典吸引的一個,所以,我心念著

1. 遠望舊城區的房子
2. 舊城區街道,皇家里路(Royal Miles)

要來這裡。而我也終於踏上了，這個老早就掛在嘴邊說個不停的地方。

講愛丁堡之前，先來說說蘇格蘭。蘇格蘭是聯合王國四個區域中最北的一個，他們的祖先也是塞爾特人，分為兩支：匹克特人在北部的高地地區，而南方低地地區則是蘇格蘭人。在很長的一段時間她都是獨立的王國，有自己的君主、自己的統治、自己的行政，甚至連羅馬帝國時代都無法攻下蘇格蘭，而在英格蘭（England）與蘇格蘭邊界築了一道長城用以防衛。

蘇格蘭是這樣一個堅強不破的民族。一直到1707年，英格蘭安妮女王（Queen Anne）在位時，兩國才簽署法案合併為大不列顛聯合王國（Great Britain）。但直到現在，蘇格蘭人仍會說「我是蘇格蘭人」，而不會說「我是英國人」，我們的當地導遊也開玩笑地說：「蘇格蘭好，英格蘭不好。」

這是蘇格蘭，而這裡是從1436年起就佔著蘇格蘭首府地位的愛丁堡。抵達時已是傍晚，太陽仍高掛，陣陣微風吹拂而來很舒服。記得來之前還擔心這裡會是這趟行程中氣溫最低的城市，看來啊，完全是多慮了。

美麗與哀愁：聖魯德宮 The Palace of Holyroodhouse

來到聖魯德宮時，是早晨，但遊人已熙熙攘攘，從各地聚集而來一觀歷史皇室的風采。

與英格蘭合併後，這裡已不是現在皇室長居的地方了，但依然不減聖魯德宮輝煌與雍容的姿態。這座宮殿原來是一座修道院，在1128年由當時的蘇格蘭國王大衛一世（David I）所建，「聖魯德（Holy Rood）」就是「聖十字（Holy Cross）」的意思。詹姆士四世（James IV）在1503年於修道院原址建了宮殿，經過後代多位君主的整建，此後聖魯德宮就成為蘇格蘭皇室的居

1. 聖魯德宮　2. 參觀完宮殿內部後，出來是間教堂廢墟

所；而現在，即使已跟英格蘭合併而同尊一皇室，聖魯德宮仍是英國皇室來蘇格蘭時的固定居所。

　　來到這裡，一定得知道一位蘇格蘭最著名的人物。她居住在聖魯德宮好一段時間，她在聖魯德宮中發生了許多驚天動地的事情，她的故事充斥了整個聖魯德宮，她是英國歷史中最浪漫、也最具悲劇性的人物——蘇格蘭瑪麗女王（Mary, Queen of Scots）。

　　瑪麗的父親詹姆士五世（James V）去世時，瑪麗才剛出生，還在襁褓時就成為蘇格蘭女王。當時強權的英格蘭國王亨利八世（Henry VIII）便動了腦筋到她身上，想要強迫蘇格蘭接受瑪麗與他兒子的婚姻，以奪取蘇格蘭權位。為了逃避英格蘭皇室的威迫，瑪麗躲到了法國，在法國皇室中長大，並和青梅竹馬的法國王子法蘭西斯（Francis）結婚。但好景不常，兩人的婚姻只維持了兩年，法蘭西斯王子便因病去世，十七歲就喪夫的瑪麗決定回到蘇格蘭。

　　瑪麗終於成了名副其實的蘇格蘭女王，換句話說，如果成為她的丈夫，就等於擁有了蘇格蘭。因此，來自各地的追求者不斷，在這之中，瑪麗愛上了她的貴族表親達恩利（Henry Stuart, Lord Darnley）。但直到婚後，瑪麗才知道達恩利除了長得好看，其餘一無是處，是個自私、自大又充滿野心的人。這樁婚姻鋪下了瑪麗女王接下來的悲劇道路。

　　由於對丈夫的灰心，瑪麗時常和她的秘書李奇歐（David Rizzio）待在一起。李奇歐是個有才華的音樂家，吸引了在法國宮廷受過良好教養的瑪麗，但這也燃起了達恩利的忌妒心。有一天晚上，達恩利帶著一群人，衝進聖魯德宮女王的住所，當場在女王面前殺死了李奇歐，並監禁了懷著身孕的瑪麗女王。

　　隔年，在瑪麗生下了與達恩利的兒子後，有一天凌晨，達恩利被不明人士謀殺，最大的嫌疑犯是波斯威爾伯爵（Earl of Bothwell）。沒有任何證據顯示瑪麗涉嫌謀殺達恩利，但長久以來，瑪麗都被懷疑是這件案子的主導者。之後，波斯威爾伯爵開始追求瑪麗女王。沒人知道瑪麗究竟是不是真的愛上他，或者伯爵是不是運用了脅迫的手段，但瑪麗女王最終嫁給了波斯威爾伯爵，而這第三次婚姻也觸怒了蘇格蘭人。

　　在不敵蘇格蘭軍隊後，瑪麗被監禁且被迫退位，蘇格蘭人改擁戴她的兒子詹姆士六世（James VI）。瑪麗在十個月後逃出了蘇格蘭，她沒有逃向法國或其他地方，而是向英格蘭女王——也是她的表親——伊莉莎白一世（Elizabeth I）求援，至今仍不清楚為什麼。對於這位地位足以威脅到她王位的表親，伊莉莎白女王無法放鬆，於是將瑪麗監禁起來。這樣，一關就關了十九年，最後，在瑪麗四十五歲時，以圖謀王位的罪名將她送上斷頭台。

　　瑪麗女王，這是一生都充滿悲劇的蘇格蘭女王。在美麗的面貌之下，她的悲劇故事仍蓋著一層厚厚的面紗，沒有人能確切說瑪麗究竟是個怎麼樣的人，故事的內容太少，屬於她的神祕太多。究竟她是出於主動造成這些事件，或者她自始至終都是被操控的傀儡？究竟她的第三次婚姻是出於愛戀、權勢，或者只是個被威脅、被強迫的受害者？究竟什麼是她真正的愛情？究竟，這位悲劇女王是善是惡？這些，都是無法解的謎了。

1. 蘇格蘭瑪麗女王（原畫者：Nicholas Hilliard）
2. 年輕時的瑪麗女王

　　也許，故事之下還有故事；也許，故事其實真的只是故事。走在聖魯德宮內，看著豪華的廳室、金碧輝煌的餐具，瑪麗女王的居室、餐廳、達恩利謀殺李奇歐的地方都呈現在眼前，對於故事就是精神糧食的我，不禁開始想像著這些故事、這些人物的場景面貌。那個時候，那樣的生活，究竟是什麼樣的感覺呢？

　　但不論真實面貌如何，屬於這位蘇格蘭女王的故事，都會繼續迴盪在聖魯德宮，在愛丁堡，在蘇格蘭。飄盪著，屬於她的，美麗與哀愁。

輝煌再起：愛丁堡城堡 Edinburgh Castle

　　居高臨下，這是爬上愛丁堡城堡後的感覺。

　　愛丁堡城堡聳立在死火山岩的頂上，這火山岩的年齡可追溯到三億四千萬年前的火山活動。三千年來，人類在這裡尋求遮

蔽、掩護；有了城堡以後，這裡也發生了許多大大小小的戰爭，特別是與英格蘭的頑強對抗。這座城堡曾在1296年被英格蘭攻下，但在1313年蘇格蘭一次英勇的進攻，又拿回了城堡。許多英勇事蹟在這裡發生，許多轟轟烈烈的血淚也在這裡成形，這裡，成了愛丁堡最重要的中心地標。

　　一出停車場，就看到城堡大門外已經在為下個月的愛丁堡音樂節作佈置，可以想見每年八月這裡多麼地熱鬧。沿著迴旋的石板路往上爬，會看到一座小巧、古老的石建築，這是聖瑪格麗特禮拜堂（St. Margaret's Chapel）。這是整個愛丁堡最古老的建築，建於1130年左右，是建造聖魯德修道院的那位大衛一世國王，為了紀念他的母親瑪格麗特皇后（Oueen Margaret）而蓋的。瑪格麗特皇后的丈夫是馬克姆三世國王（Malcolm Ⅲ），他們夫妻就是最早在愛丁堡城堡定居的皇室，在聽到丈

1. 聖瑪格麗特禮拜堂
2. 主要皇室宮殿部分，"The Honours of Scotland" 就收藏在這棟建築之內

1. 從城堡上俯瞰市景
2. 感受一下射擊砲的感覺

夫戰死後，瑪格麗特皇后在城堡中去世，後來被封為聖者「聖瑪格麗特」。

再往前走，進入城堡中心廣場。這裡是主要的皇室宮殿（Royal Palace）部分，在走進來的正對面建築門口，無時無刻總能看到一列排隊人潮，這些人正等著要進去看「蘇格蘭之寶（The Honours of Scotland）」——皇室宮殿裡保存著最古老的蘇格蘭皇室珠寶，也是整個不列顛島上最古老的皇室珍寶——皇冠、寶劍、及權杖，它們是在詹姆士四世及詹姆士五世（即瑪麗女王的父親）時製作完成，最早被一起使用是在瑪麗女王的加冕典禮。我們跟著人龍緩緩進去，三件皇室珍寶閃耀著金

・晚餐show的門口，傳統風笛表演的打扮

光，不知道是金碧輝煌還是戒備森嚴的關係，總覺得光是遠看就能感受到它們的莊嚴及輝煌，可以想見每位皇室君主的加冕典禮時，是多麼金光閃耀了。這棟建築內，還有瑪麗女王當初生產詹姆士六世時的小房間，這位國王後來不僅是蘇格蘭國王，更接下了處死他母親的英格蘭伊莉莎白一世的位子，成了英格蘭的詹姆士一世（James I）國王。

瞻仰完皇室榮光，走下來的城牆邊也是值得停步欣賞的。從這裡可以俯瞰愛丁堡市景，看著一旁的砲台和砲孔，想像著古代皇族如何居高臨下，戰士如何保衛這座聳立的城堡。在皇室首都到了英格蘭後，這裡似乎沉寂了一段時間，但現在，愛丁堡城堡又是蘇格蘭的輝煌地標。

這天天氣很好，陽光跟著我們一起俯瞰，微風也成了天然風扇。這座城市在完美天氣的襯托下，似乎也閃閃發光。

再來一場盛宴：蘇格蘭音樂

來到蘇格蘭，也絕不能忽略這裡的音樂。

一般提到蘇格蘭音樂，最先想到的一定是風笛（bagpipe）。現在流行的風笛最主要是高地風笛，以前在戰爭時用於軍隊，現

· 晚餐後的表演

在則大多是表演性質，而不列顛的軍樂隊也一定會有風笛的出現。蘇格蘭傳統吹風笛的打扮還包括蘇格蘭裙，格子裙和黑色上衣再配上黑色的風笛，感覺真的挺有氣勢的；不過近看他們吹就會發現，演奏這種樂器還真是不容易呢。

　　而除了風笛，蘇格蘭的歌曲也是不能錯過的。我們在享用愛丁堡的晚餐後看了一場表演，除了風笛、傳統舞蹈之外，還有蘇格蘭歌曲。演唱者的聲音很棒就不用說了，而歌曲的旋律吸引我更甚於其他項目，我就愛上了一首名為〈Caledonia〉的歌，"Caledonia"是蘇格蘭的舊稱，常用在詩文或歌詞中。

　　這是愛丁堡，給我們好天氣、好故事、好景色的愛丁堡。真正來到這裡，才發現，幾天的時間根本不足以享受這座城市。穿梭在古典的街道中，到處都是故事底下的珍寶，等著探究；而當你漫步在時光築基起來的空間中，不知不覺，步伐也會跟著優雅。

　　我會再來。讓自己再一次，步伐跟著優雅。●

同・場・加・映

Scott 紀念碑

王子街（Prince Street）旁公園的Scott紀念碑（Scott Monument），紀念作家Walter Scott，高61公尺。可以爬上去，不過要收有點貴的門票，我們就沒上去了。

台灣來的紅茶店

看到一家「福爾摩沙泡沫紅茶」店！當時店主回台灣了，店門口貼了一張公告紙，上面還有台北101的圖案喲。

詩與畫的綠之鄉

湖區
LAKE DISTRICT

陽光、微風和美景，這是來到湖區的第一個印象。

這裡，有著閃閃發光的湖水；這裡，有著無邊無際的綠原；這裡，是英國最動人的自然景觀——湖區。位於英格蘭西北部，湖區國家公園（The Lake District National Park）被譽為英格蘭最美麗的地區。在看到湖之前，沿途經過的都是大片大片的翠綠色，配上陽光和藍天，偶爾還有白色身影的黑面羊點綴在草地上，這樣的配色，真的是放鬆心情最好的配方。

可不是只有我有這樣的感覺，幾世紀以來，許多名人都在湖區留下足跡，甚至長居在此享受自然氛圍。例如十八到十九世紀的浪漫自然詩人華茲華斯（William Wordsworth），他曾居住在湖區很長的一段時間，並在這裡創作過許多優美的詩篇。而另外更

· 沿途經過都是美麗的藍綠配色

有一位重要的人，是因為她，我們現在才得以見到這裡原始的自然美景；是因為她，湖區才有了更鮮明的生命力；她的名字，已經和湖區連結在一起，她是──波特小姐。

跳躍在湖光山色：波特小姐 Beatrix Potter

相信你一定曾經看過，一隻有著棕褐色身體，身穿藍色衣服，總是頑皮地到處跑的小兔子。他是彼得兔（Peter Rabbit），他和他的動物朋友們，都是誕生自碧翠絲・波特小姐的筆下。

可以說，彼得兔和朋友們的故鄉，就是這個優美的湖區。波特小姐在第一次來到湖區時，就愛上了這裡天然的環境，後來更買下了湖區的大片土地，以及優雅的農莊──丘頂小屋（Hill Top），在這裡定居一直到晚年。可愛的彼得兔及朋友們，大都是在湖區時光創作出來的。

碧翠絲・波特出生於1866年，在倫敦一個富裕的家庭。雖然波特小姐是個順從父母的孩子，但在嚴厲且嚴格的父母管教下，她的童年並不快樂，也並不喜歡她出生的地方。波特小姐從小就很喜歡小動物，十六歲時，家裡買下了湖區的一棟城堡，此後全家便時常到湖區度假，波特小姐也自此深深愛上了湖區。她的可愛創作，就是如此誕生。

1901年，她先自行出版了第一本圖畫故事書《彼得兔的故事（The Tale of Peter Rabbit）》，而後隔年由出版社正式出版。她的圖畫故事擄獲了許多人的心，而她本人也與出版商的兒子Norman Warne墜入情網。波特小姐的父母不認為女兒應該和一名出版商來往，在女兒堅持之下，他們才勉強在有條件之下答應波特小姐與Warne的訂婚。

但一切有如戲劇，在Norman Warne向波特小姐求婚的一個月後，他就因病去世。心碎的波特小姐在未婚夫去世的幾個月，買

· 我的彼得兔小書
　及玩偶

下了湖區的一座農莊，展
開了她長期的湖區生活，這是
她摯愛的丘頂小屋。在她後半段的湖
區日子，她已從創作轉向務農生活，她對農作與畜牧有了很高的
興趣，也作出了很好的成果。同時，她也找到了她的第二位伴侶
——幫助她處理湖區產權的律師William Heelis。

　　波特小姐與Heelis婚後一起度過了三十年歲月，直到1943年
她去世。在這段時間，波特小姐為了保存她摯愛的湖區，買下了
湖區許多地方，有些與國家信託局（National Trust）共同管理。
她維護了湖區的完整，並保存了原始的景觀，不許人為任意增
建、砍伐，使這片天然土地不被破壞，可以說她「拯救」了這片
湖區。今天我們能夠看到這塊優美的地方，要歸功於波特小姐的
努力。

　　長大後才來造訪湖區，但這幅景象老早印在我的童年回憶裡。
原來啊，我早就在不知不覺中，在彼得兔的世界裡徜徉過了湖光山
色；家裡一整套的圖畫書，老早就帶我到這個悠然世界一遊過了。

　　波特小姐去世至今已六十幾年，但她所創造的彼得兔及動物
夥伴仍然在全世界活躍著，千百萬人的童年中都有這群可愛的動
物。就如同她對湖區的熱愛，世人對彼得兔的熱愛也會一直延續
下去。

同・場・加・映

湖區剪影

穿梭翠綠之間的小路，可以通到這間小巧的「野豬餐廳」。

湖區第二大湖Ullswater。

　　而我，直到現在，腦海中仍有著這麼一隻藍衣小兔子在跳躍著。

光影紛呈：溫德米爾湖 Lake Windermere

　　在依舊風和日麗的天氣中，我們來到了湖區南部最主要的城鎮溫德米爾（Windermere）。

　　在廣大的湖區，溫德米爾占了一個重要的位置。倒不是這座

· 溫德米爾湖畔

城鎮本身有什麼特殊的地方，而是她瀕臨著遊人與動物、船隻都
會聚集的地方——溫德米爾湖。這座湖泊呈南北向長條狀，長度
超過十六公里，在英格蘭這湖泊普遍都不大的地方，溫德米爾湖
已經是湖區、也是全英格蘭最大的湖。

　　溫德米爾是個雅致宜人的小鎮，在夏季，穿著輕便的遊人
塞滿了這個空間，每條街道都充滿著度假氣息。這裡還有波
特小姐的展覽館「碧翠絲‧波特的世界（The World of Beatrix

1. 船上看溫德米爾湖畔　2. 我們搭的蒸氣火車

Potter）」，我們沒時間走到那裡去參觀，不過倒是在臨近一家
全是彼得兔商品的店裡，和這隻兔子再次重逢。忍不住，帶了一
隻熟悉的藍衣小兔子在包包上，跟著我一起旅行。

　　至於跟溫德米爾湖近距離接觸，就得搭船了。不算大的遊
艇，在開放式的甲板層坐了滿滿都是人，一起航，比陸地上還要
威猛的風就迎面吹來。不過呢，倒是一點都不冷，這天的湖區天
空心情也很好，送了涼風和溫和的陽光來，給我們搭配著湖景享
用。湖水、山巒、綠地、小屋逐一輪替著變換景觀，船隻則是一
直出現的長期佈景，最多的是白帆的小帆船，而快艇、小遊艇、
兩人划的小舟也散佈其中。

　　上岸之後，還可以搭一小段十幾分鐘的蒸氣火車。火車穿梭
在樹林中、綠野旁，時不時經過房屋聚落，湖水也是不停出現的
景觀。乍看之下，從車廂和座椅感覺不太出它的古老，但仔細一
點注意到木頭的車廂內壁，以及前頭的蒸氣車頭，就會發現它的
確有一定的年齡。這天搭火車的人沒有像搭船那麼多，於是我們
向前走到最前頭的空車廂，前面就是火車頭，還能從敞開的氣窗
聞到陣陣煤氣味呢。

這一晚，我們住在湖區北部的小鎮彭里斯（Penrith），在這裡，充分享受到了清幽的山居歲月。從飯店信步而出，一棟棟小巧雅致的房屋羅列，窗口和門前的小院子都種著各色花朵，他們的住宅區給人很寧靜、舒適的感覺。正好準備出門的居民看到我們，都親切地跟我們打招呼，連經過的汽車駕駛也都會跟我們揮揮手。想像著，如果居住在這種環境，不只身體會健康，心靈也能得到適當的休養吧。

　　湖區的山居歲月，真的很適合詩和畫啊。在這樣的綠之鄉，深呼吸一口，說不定，也能把這樣寧靜悠閒的氛圍帶回家。●

·飯店附近不遠有座彭里斯城堡廢墟，
　旁邊是一座有美麗花朵的公園。

史特拉福
STRATFORD-UPON-AVON

抵達史特拉福，是週日午後，眼前的街道舉目所及都是人。

光看她的名字就知道，「雅方河畔的史特拉福（Stratford-upon-Avon）」，這是座緊鄰、且包含著雅方河（River Avon）的小鎮。對這個小鎮的第一印象，除了遊人眾多外，就是街道兩旁佇立的許多木條屋，在英國其他城鎮似乎看不到這麼多。但這小鎮會這麼熱鬧，重點還不是這些特色小屋，而是這裡與一位英語世界無人不知的文豪名字連在一起，這位大文豪、劇作家與詩人的足跡，曾深深地駐留在史特拉福，他是——威廉‧莎士比亞。

小鎮光芒：
莎士比亞 William Shakesper

沒錯，這個鎮上無處不見莎士比亞。

這裡是莎士比亞出生、去世及其家族居住的地方。威廉‧莎士比亞於1564年出生於史特拉福，他的父親是地方上頗有聲望的人士，家裡的經濟狀況也不錯。莎士比亞在這座小鎮的文法學校（Grammar School）念了六年，十八歲時娶了大他八歲的Anne

‧莎士比亞

· 史特拉福街景

· 莎士比亞出生的房屋

Hathaway為妻，在生了一個女兒及一對龍鳳胎後（其中的男孩在十一歲時便夭折），莎士比亞便前往倫敦發展戲劇。此後，他大部分的時間都待在倫敦，家人則留在史特拉福。

　　莎士比亞初期創作的是歷史劇、悲喜劇及喜劇，如《仲夏夜之夢（A Midsummer Night's Dream）》、《羅密歐與茱麗葉（Romeo and Juliet）》；但他後期創作的悲劇更使他留名青史，其四大悲劇《哈姆雷特（Hamlet）》、《奧塞羅（Othello）》、《李爾王（King Lear）》與《馬克白（Macbeth）》在英國文學中是必讀的經典。在莎士比亞因為戲劇而累積了點財富，他買下

了當時史特拉福最大的房子——New Place，等到退休後，他便回到史特拉福，居住在這棟房子，於1616年在這裡過世。

現在，這座鎮上無處不見莎士比亞，這麼多遊人都是衝著這位大文豪而來的。在史特拉福有個「莎士比亞出生地基金會（The Shakespeare's Birthplace Trust）」，他們保存了所有還存在的、與莎士比亞有關的建築，把這附近所有與莎士比亞有關的建築都變成博物館式的參觀點，包括他女兒女婿的房子、孫女婿的居所、妻子出嫁前的住屋等等。當然，參觀這些都是要不怎麼便宜的門票，因此，我們選擇參觀最具代表性的，莎士比亞出生房屋（Shakespeare's Birthplace）。

這是棟淺褐色牆上有深褐色木條的建築，莎士比亞1564年就出生在這棟房子中，並在此度過童年時光；在父親去世後，莎士

· 參觀完房屋內部走出來，後面是一個小花園

· 聖三一教堂中，莎士比亞的墓　　　　　　　　· 雅方河畔

比亞繼承了這棟房子。先由旁邊的莎士比亞中心（Shakespeare Center）進去，裡面有一些介紹莎士比亞的幻燈片及影片，接著就能走到莎士比亞的出生房屋。這是棟都鐸時期的房子，內部都還保存著當時的樣貌，可以一窺幾百年前的人是怎麼生活的。當時，這棟房子一半是莎士比亞一家所居住，另一半是莎士比亞父親製作手套的工作室及販賣羊毛的地方。

　　對於那個時代來說，這樣規模的房子不是一般人所能擁有的，足見莎士比亞的父親在當時必定有不錯的經濟力及地位。但對於幾百年後的我們來說，剛踏進去就忍不住覺得，這內部真是狹窄啊，很難想像當時一家那麼多人要在這樣的空間生活，但這就是當時候的人的居住空間。不過啊，以往和莎士比亞的接觸，都只能透過他留下來的文字，現在竟然能親自循著大劇作家的足跡走過一次，踏著莎士比亞也曾經踏過的地方，不知道啊，有沒有幸得到他千分之一的文字能力呢？

　　在清風伴隨下，沿著古樸的街道走到小鎮另一端，拜訪莎士比亞長眠的地方。雅方河畔有座聖三一教堂（Holy Trinity

· 莊園建築旁的小花園

Church），環繞在翠綠的樹蔭中，莎士比亞就是在這裡受洗，去世後也葬在這座教堂。聖壇內有莎士比亞的墓，旁邊還有他的妻子、女兒、女婿、孫女婿的墓，莎士比亞的墓上還有一段話，意思是：「不打擾我安息的人將受到祝福，遷移我屍骨的人將受到詛咒。」

　　教堂附近是座公園，雅方河襯托在綠樹及青草中，停泊著小船的水面上閃著粼粼波光。不知道莎士比亞的時代，這裡是不是就這麼清幽了呢？很舒適，就像這座小鎮、這條小河，無意中，我們撞進了一個悠閒的週末午後。

貴族的綠野：英式莊園

　　這一晚，我們住在距史特拉福車程約半小時的一座英式莊園。

　　這是間飯店，沒錯，房間內部也跟一般飯店沒兩樣，不過呢，它的外表可像是一座小型城堡，它的年齡也絕不是輕易就算得出來的。更重要的是，建築前方有一大片廣闊的草地，延伸下去還有看不見邊際的綠野。

· 蒼翠的綠色英式莊園

　　看著這一大片綠色，彷彿能想像幾世紀前的貴族生活場景。綠草坪旁樹蔭下的路，由馬車來走剛剛好合適，一閉上眼似乎就能看見意氣風發的貴族主人駕著馬車，載著客人悠閒地抵達莊園的情景。這時聽見一陣喧鬧聲，轉頭，瞥見一群穿著很正式的人，看來這一晚這兒有婚禮要舉行；草坪邊緣還架著幾台大攝影機，攝影師說他們是BBC來拍攝的。真好奇，不知道是什麼大人物要來這兒辦貴族婚禮呢。

　　不論什麼時間，漫步在廣闊的翠綠草地，都是一種享受；一旁小教堂的管理人看到我們一群人來了，還特地開放古老的教堂

哈佛之屋

史特拉福除了莎士比亞，還有「哈佛之屋（Harvard House）」。這是美國哈佛大學創辦人約翰·哈佛（John Harvard）的母親的故居，就是因為他母親所留下的大筆遺產，哈佛才有錢創辦大學。

給我們參觀。草坪邊幾株樹上結著大把人把的紅櫻桃，還可以自己摘來吃呢，於是一傳十十傳百，晚餐後，幾乎大家都到樹下享受這天然的點心。

不過啊，隔天清晨五點多，還作著貴族夢的我們，忽然被一陣尖銳的鈴聲驚醒。忙著找哪裡設了鬧鐘，一會兒才發現那是警報鈴，於是頂著清晨的微寒氣溫到外面，直到鈴聲消失才回房。喔，白緊張了，原來並沒有冒險片上映，只是警鈴不知為何自己響了起來，但是啊，也回不了貴族夢了哪。廣大的綠野似乎也竊笑著：認命吧，當貴族，一個晚上就夠了。

是啊，是一個晚上就夠了。當貴族呢，還無法那麼自由地在世界各地走動；當旅人啊，就可以把莊園和一大片綠原裝進回憶，然後帶著走。●

時光步履：英國 UNITED KINGDOM

47

劍橋
CAMBRIDGE

悄悄的我走了，
正如我悄悄的來；
我揮一揮衣袖，
不帶走一片雲彩。

相信大家都讀過、聽過或唱過，徐志摩的〈再別康橋〉。有著金柳、青荇、柔波；有著波光的豔影，有著一船的星輝；有著康河（River Cam），有著康橋。

康橋，就是劍橋。這是一個陽光和細雨共存的午後，在微風中，我們來到了這個悠然的大學城。劍橋這名字早就不陌生，活在美麗的詩篇裡，活在從小唱到大的歌曲裡；在文學音樂中她被編織得很優雅，而我想親自來看看，在怎麼樣的地方能瀟灑地揮揮衣袖，不帶走一片雲彩。

劍橋的重心，固然是英國最高學府的劍橋大學（University of Cambridge）。我們造訪的這一年，2009年，正好是它成立的八百週年。1209年，由於牛津大學（University of Oxford）的暴動，一些牛津的教師及學生逃難到劍橋，在這裡繼續學術活動，使劍橋成為新的學術據點。一開始，並沒有固定的校舍，教師只是找修道院或教堂之類的地方講學，

· 波光瀲艷的康河

1. 三一學院　2. 牛頓當年被蘋果砸到的地方

靠學生個別付的學費來過活；後來學者漸漸聚集了，才成立了正式的學校，並在1284年成立了劍橋大學的第一個學院——彼得學院（Peterhouse）。

就算是今天，劍橋大學也沒有所謂的校園，走在劍橋鎮的各處，都有可能遇見其中某個學院或機構。劍橋大學現在共有三十一個學院，各個學院有自己的建築、庭院等等。這些學院基本上和系所無關，而是在學生的生活方面，每個劍橋的學生都「歸屬」於其中一個學院，再到各學院去修課——這樣的制度讓我有點羨慕，學生就像在學校裡有個家一樣，而這個家和所學、科系並無關，可以跟各領域的人相處。

三一學院（Trinity College）是劍橋最大、也最有錢的學院。三一學院的畢業生中出了三十一位諾貝爾獎得主、六位英國首相，更有數不盡的世界名人出自這個學院，例如哲學家法蘭西斯·培根（Francis Bacon）、詩人拜倫（George Gordon

Byron）、印度總理甘地（Mohandas Karamchand Gandhi），而最有名的就是自然科學界無人不知的牛頓（Isaac Newton）。在三一學院外的草地上有一棵小蘋果樹，據說這裡就是牛頓當年被掉落的蘋果打到的地方，現在這棵樹當然不可能是當年那棵，不過呢，這個地點的確值得來瞻仰一下啊。

宏偉與清幽：國王學院 King's College

翠綠的草坪、雄偉的教堂、廣闊的建築群，這是見過就很難忘記的國王學院景觀。

國王學院是劍橋大學最著名的學院。這所學院由亨利六世（Henry VI）成立於1441年，但在近一世紀後才真正完成，而最初完工的也只有國王禮拜堂（King's College Chapel）。這座宏偉的禮拜堂是劍橋建築的一個代表，始建於1446年，費了約八十年完工，現在看到的建築是三個不同時期建造而成的。除了建築之外，國王禮拜堂最有名的在於它的唱詩班，每年聖誕夜，這座禮拜堂都會舉行世界知名的彌撒音樂會，並由電視轉播到全世界。

‧從康河的平底船上看國王禮拜堂

・國王學院的大草坪

　　步出國王禮拜堂，眼前是一大片翠綠的草地，忽然感覺這座學院真的有「國王」的感覺。就算不說禮拜堂是劍橋最有代表性的景觀好了，光是看著這座建築，就散發出雄偉莊嚴的氣息，兩個尖頂也很有王朝的感覺。草坪周圍兩面是互相連綴著的古典建築，但與禮拜堂相對的一面卻又是清幽的康河，宏偉與清幽，並存在這個廣大的庭院中。

　　難怪它是劍橋最有名的景色了。漫步在草地周圍，不禁想著，能夠同時看著清溪垂柳和宏偉建築的學生，一定也不是一般人吧。

尋夢，撐一支長篙

　　　　軟泥上的青荇，油油的在水底招搖；
　　　　在康河的柔波裡，我甘心做一條水草！
　　　　　　　　　　　　　　　　——徐志摩〈再別康橋〉

垂柳是樂器，小舟是音符，水波是樂譜，這是一首康河之歌。

這一天，我們都變成了康河的青荇。沒有星輝，沒有夕陽，也沒有天上的虹，但我們的康河小舟之旅，有充沛的微風和奔放的陽光。這是個快到正午的時分，我們九到十個人坐一艘平底船，漫溯在康河柔波。

康河撐篙，是劍橋學生的休閒活動，也是來到這裡的遊人一定要做的事。平底船有小的、也有稍大的，撐篙者站在船尾平坦的地方，用一根長桿撐到水底，控制船的前進。我們的撐篙者是一位三一學院念法律的男生，他說他每年暑假都會從事這份工作。這裡的撐篙者大多是劍橋的打工學生，沿途順便介紹經過的

· 這種是比較小的平底船，我們搭的比這個要大一些

1. 聖約翰學院，劍橋第二大及第二有錢的
   學院
2. 嘆息橋

景物，但講解的英國口音有點重，需要專注點才能聽懂；不過撐篙的學生大都很親切，會很熱心介紹，也樂意回答你的任何問題。

　　半躺著坐在船上，沿途經過的都是劍橋大學各個學院，及各個各有特色、用途的建築。最大也最有錢的三一學院附近就是排行第二的聖約翰學院（St. John's College），據說兩個相差不多的學院常會互相競爭，也會互相爭取各方面的最佳地位；國王學院從河上看去也是雄偉壯觀，不過自己在河上和從岸上看河上，是截然不同的景觀和感覺呢。

　　經過垂柳、橋樑，來到了康河上最有名的嘆息橋（The Bridge of Sighs）。這座橋屬於聖約翰學院，是仿義大利威尼斯著名的嘆息橋所設計，不過因為以前常有學生從

．撐一支長篙遊河，是欣賞康河的最佳方式

橋上跳入河中，後來把橋兩邊都蓋起來，看起來就和威尼斯的嘆息橋有點不同了。仔細看會發現，這座橋的下方一面有裝飾、一面沒有，據說是當時貴族的船隻大都只從一個方向經過，建橋的人不想花那麼多錢，就只在會被看到的那面做裝飾。不過現在可行不通囉，康河的夏季，每天都有來來往往的遊人船隻。

撐篙，對我們一般人來說，真的不是件容易的工作啊。在折返後不久，船就慢慢靜止了下來，往前看，我們的桿子正插在前方不遠的水中！撐篙的學生一臉抱歉地說，這是他三年來第一次發生這種事，撐長桿的時候力道必須調得非常剛好，太用力的話桿子就會插在水中的泥裡，這時候只有兩個選擇，一個是放開桿子，另一個就是他自己掉進水裡。於是，我們就在康河上開始漂流，所幸沒多久，後一艘船的人就幫我們把桿子拔過來了。

其實，漂流在康河上，也是一件幸福的事吧。這時艷陽高照，水面閃著瀲灩波光，偶爾一陣風吹來，翠綠的垂柳也微微擺動，像是康河上的遮日帷幕。難怪徐志摩會這麼形容這裡了，其實在河面上比地面低，看到的風景都只有一半，但光是漫遊河面的感覺，就是值得享受的一件事了。

總覺得垂柳就是該配小舟，還有划動的長桿跟悠閒的遊人。撐一支長篙，不尋夢也行，這是康河，就算漂流也很有詩意。

這一天，我們都在康河的柔波裡。●

倫敦
LONDON

　　沒有人不知道倫敦，但只有在親自造訪過之後，才知道什麼是真正的倫敦。

　　這是日不落國的首都，這是不列顛群島中最繁榮的城市，這是全歐洲、也是全世界數一數二的幾座大城之一。她很古老、很活躍、很多樣，但不只是這樣。這座英國的首都，藏著遠多過想像的豐富寶藏。

　　只要穿梭在倫敦街道，就會感受到時光的洗滌。這是從各式各樣古老事蹟中走出來的城市，隨便一棟建築，就會有漫長的年代表和精采的故事史。但因為古老，倫敦沒有一般繁華大城市的寬敞大街，她維持著古典的小街小道；不過當馬車變成了汽車之後，塞車就變成倫敦市區的嚴重問題，我們就親自體會過卡在路上動彈不得的窘境。也因為如此，倫敦的大眾運輸非常發達，地下鐵四通八達，路上更是平均不到五分鐘就會看到一台雙層巴士駛過。

　　倫敦的漫長歷史中，一場稱為「偉大的火災（Great Fire）」的意外事件吸引了我的注意。這是發生在1666年，因為一位麵包師傅的疏失，

・從側面看千禧橋，遠處的圓頂就是聖保羅大教堂

・倫敦標誌之一：
紅色雙層巴士

・倫敦標誌之二：
紅色古老電話亭

· 倫敦塔橋

延燒了大半個倫敦的大火。為了迅速整頓秩序，當時的查理二世
（Charles II）下令重建與新建許多建築，且今後倫敦禁止以木材
建屋，並拓寬了街道——現在的街道雖仍不寬，但當時的街道更
只是現在的二分之一不到。

　　這場火災燒掉了五分之四的倫敦，但因為有這場火災，消滅
了自前一年就肆虐的瘟疫，並加速倫敦的現代化，使倫敦的發展
足足超前了好幾百年。因此，這場火災對倫敦的貢獻實大於摧
殘，後來人們還建了一座大火紀念碑（The Monument），用以紀
念這場「偉大的火災」。

　　在泰晤士河畔（River Thames），佇立的是倫敦地標之一的
倫敦塔橋（Tower Bridge）。這座哥德式的塔橋建於維多利亞時
期，在1894年完工開放，塔橋共有南北兩座塔，連接兩座塔的有
上方的通道及下方的橋面。每當有高大的船隻要通過時，橋面就
會分成兩半升起來，等船通過後再放下來繼續讓車輛通行——就
像荷蘭很多橋樑那樣子。

相信每個人一定都聽過著名的兒歌〈倫敦鐵橋垮下來〉，有人說，這首兒歌講的就是倫敦塔橋。這座橋並不是「垮下來」，而是指船隻經過時橋升起來，等在兩邊的行人等得不耐煩，就唱著"falling down, falling down"，是「放下來」而不是中文直譯「垮下來」的意思。

白日與黑夜：倫敦塔 The Tower of London

皇宮、監獄、刑場、軍械庫，在它九百多年的歷史中，這座塔的角色變化萬千。但無論佔著什麼樣的身分，它在皇家歷史中的地位屹立不搖。這裡有最閃耀的皇室光芒，也有最黑暗的奪權陰謀；這裡有最偉大的領導著，也有最無辜的犧牲者。這裡是倫敦塔。

距離塔橋不遠，就佇立著這座收藏皇家歷史的記憶之塔。進入中庭，首先會注意到的是處於建築群中心的白塔（White

同・場・加・映

新地標「倫敦眼」

高135公尺的倫敦眼（London Eye）是倫敦的新地標，乘坐一圈三十分鐘，可觀賞倫敦全景。不過呢，我們還是覺得，遠觀它就好。

1. 血腥塔內部
2. 處決地紀念碑，以前的囚犯就是在這片草坪上被處決

Tower），這是倫敦塔中最古老的建築，由諾曼王朝（House of Normandy）第一位帝王「征服者威廉（William I）」建於1078年。在倫敦塔中庭，幾隻烏鴉在草地及廣場上活動，這是源自於古老的傳說。相傳在查理二世（Charles II）時，有人告訴他：如果烏鴉離開倫敦塔，這個國家和堡壘就會毀滅。因此從那時起，烏鴉就被保護在倫敦塔內，還有專人負責照顧牠們。

往另一邊看，有座名為「血腥塔（Bloody Tower）」的建築，這個名稱源自於一個殘忍的事件。在十五世紀愛德華四世（Edward IV）過世後，繼承者是他當時才十二歲的兒子愛德華五世（Edward V）。有一天，愛德華五世的叔叔帶他和他九歲的弟弟到塔上去，之後就再也沒人見過兩位小王子的蹤影，他們被宣告失蹤，而他們的叔叔則登基為理查三世（Richard III）。

長久以來，他們被謀殺的謠言持續流傳，但沒人知道真正發生了什麼事。直到1674年，有人在白塔的牆中發現兩具小男孩的骸骨，兩位小王子被謀殺的事實幾乎已得證實。究竟是壞心的叔叔為了奪王位而痛下殺手，或者另有陰謀？理查三世是最有嫌疑的兇手，但直到現在仍無法確認事情的真相。不過，誰知道呢？也許在歷史的滔滔洪流中，有一天，會再出現什麼蛛絲馬跡。

· 白塔

　　而在倫敦塔中發生的血腥還不只這個。這裡除了曾是皇家住所，也是著名的監獄和刑場，曾有三位皇室女子及無數貴族名人被處斬或監禁在這裡，伊莉莎白一世（Elizabeth Ⅰ）在即位前也曾被同父異母的姊姊——後人稱「血腥瑪麗（Bloody Mary）」的瑪麗女王（Mary Ⅰ）——監禁在倫敦塔。而三位被處斬的皇室女子是亨利八世（Henry Ⅷ）的第二任妻子安‧布林（Anne Boleyn）、第五任妻子凱瑟琳‧霍華德（Katherine Howard），以及「九日女王」珍‧格雷（Lady Jane Grey），而她們都不是真正犯了什麼罪。

　　特別要提珍‧格雷，她完完全全就是個權謀下的犧牲者。那年珍才十六歲，在公公、丈夫及丈夫兄弟的密謀下，想要將也有王位繼承權的她送上王位，但政變失敗，珍才即位了九天，就被後來的女王——「血腥瑪麗」瑪麗女王——監禁起來，並在不久後處斬。珍‧格雷只是因為擁有繼承血統，就成為了這樁奪位陰謀的犧牲者，而掌皇位的女王自然也不可能放過這個會威脅到她位置的親戚。現在，其中一棟建築的出口處還擺了張小看板，上

· 王室珠寶就放在倫敦塔這座宮殿內

面是畫家想像珍被處決的畫作,以及「救救珍·格雷」的字樣。
如果能穿越時空逃亡,如果能選擇,也許珍不會想擁有這帶來殺
身之禍的繼承血統了吧。

　　不過,在這著名的倫敦塔中,可不只有這些黑暗的皇室故事。
現在的王室珠寶(Crown Jewels)就收藏在倫敦塔中,許多聞名世
界的珠寶都可以在這裡看到,包括鑲嵌有317克拉鑽石的帝國皇冠
(Imperial State Crown),以及鑲著世界最大的530克拉鑽石的「非
洲之星(Cullinan I)」十字權杖。在見到全部的珍品前,會先經過
幾個播放跟這些寶物有關的影片廳,其中還有現任女王伊莉莎白二
世(Elizabeth II)加冕的實況錄影,真的是閃耀的一個場面,而當
時正值青春的女王在這些妝點下感覺好美、好榮耀。

　　接著來到金光閃閃的展示廳,地上有輸送帶,只要站在上面
不用走動,就會經過所有的寶物面前。我真的會忍不住想,這麼
珍貴的東西這樣放在大眾面前好嗎?不過啊,這些皇室珠寶從

· 白金漢宮

十七世紀就公開展覽了，直到現在，只有一個人嘗試偷過它們，且沒有成功。想必皇家的保全是做得很完善的。

　　許許多多的故事與傳說飄蕩，這是倫敦塔，收藏著皇室的光明與黑暗，收藏著世紀的榮耀與解不開的謎。白日與黑夜，同時存在倫敦塔中。

昂首闊步：白金漢宮 Buckingham Palace

　　亮麗，威風，紅衣黑毛帽的禁衛軍就是白金漢宮的最佳標誌。

　　要瞻仰皇室氣息，來到白金漢宮外面就能感受到了。這座宮殿原本是十八世紀白金漢公爵（Duke of Buckingham）的住所，後來被賣給了喬治三世（George Ⅲ），下一任的喬治四世（George Ⅳ）聘請了建築師納許（John Nash）來為他增建，成了豪華皇宮的樣貌。後來，自1837年維多利亞女王（Queen Victoria）登基以後，這裡就是皇室的居所。

1. 2. 像大頭娃娃兵的紅色衛兵
3. 近距離遇到的是這一隊黑色衛兵

　　衛兵交接，是白金漢宮最有名的標誌。但其實這個儀式並不是特別要表演給觀光客看的，而是源自於英國皇家歷史。在英國內戰時期，皇宮即將被攻陷，王子決定外逃；當時，有一隊衛兵誓死要保護王子逃亡，而另一隊衛兵則是守著皇宮到最後。那是個危急存亡的時刻，臨逃之際，保護王子的衛兵和留下來的衛兵互相叮嚀，面對面站了三十分鐘。後來，王子重回皇宮登基，為感念逃亡時期衛兵的捨身保護，便將衛兵交接儀式照當時的模式保留下來，以紀念當年的衛兵。

　　夏季每天中午的十一點半至十二點多，白金漢宮的門口都會有衛兵交接儀式。因為儀式是照當時模式的紀念性質，所以值得看的也就只有十一點半時兩隊衛兵進入宮門，以及十二點多時出宮門，中間的三十分鐘都是兩隊衛兵在宮門內面對面站著，什麼都不做。我們選擇了看衛兵出宮門，到的時候已經摩肩接踵，能站的地方都站滿了人。不久，軍樂聲響起，一隊身穿紅衣黑褲、戴著黑色毛茸茸帽子的衛兵步伐整齊地走了出來，前半是吹著管

樂前進的隊伍，後半則是扛著槍踏著大步──雖然很雄壯威武，但那身打扮真的好像大頭娃娃兵。接著，右邊也走出了一隊全身黑色打扮、戴著黑色鋼盔的軍樂隊衛兵，他們的打扮就比較平常，但依然很有氣勢地向前走去。

　　穿過白金漢宮旁的聖詹姆士公園（St James's Park）準備離開時，又遇到了黑色的那一隊衛兵。兩隊衛兵交接後，離開的一隊會回到聖詹姆士宮（St James's Palace），只要沿著路線走就又會遇到他們。這次可以近距離捕捉到他們的行進了，雖然遇到的不是紅色娃娃兵，但是啊，昂首闊步的風采可是一點都不減。

時空之旅：大英博物館 The British Museum

　　如果說，想要穿越時空，最簡單的方法就是來大英博物館。

　　應該也沒有人不知道，與紐約大都會博物館（Metropolitan Museum of Art）、巴黎羅浮宮（Louvre Museum）並列為世界三大博物館的大英博物館。這座博物館建於1753年，在1759年正式

·大英博物館大廳

·大英博物館

開放，目前有超過六百萬件展品、將近一百間展廳。由於展品越漸增多，現在大英博物館主要是人文歷史部分，自然方面的展品都移到另一個自然科學的博物館。

　　參觀過美術為主的羅浮宮，歷史文物為主的大英博物館更加吸引我。而這裡吸引人的還不只這個，大英博物館是可以完全免費參觀的！這是我欣賞倫敦的原因之一，雖然她的景點要嘛門票就貴到嚇人，要嘛就不用錢，不過很多博物館——尤其是這座最大的博物館——都是免費參觀的，這才是提升民眾人文素養的方式呀。

　　因為這裡收藏著許多時光留下來的事物，你可以在咫尺間回到西元前的希臘時代，也可以在轉瞬間又到了古埃及。大英

1. 羅塞塔石
2. 古埃及木乃伊

博物館最珍貴的寶物要算是埃及展區的羅塞塔石（Rosetta Stone）。這是1799年拿破崙軍隊在尼羅河畔的羅塞塔（Rosetta）所發現的，這塊石碑可上溯至西元前196年，上面用兩種古埃及文及一種古希臘文寫了同一篇文字。透過羅塞塔石，學者終於能夠解開古埃及象形文字，再由文字研究古埃及歷史，可以說它是解開古埃及之謎的鑰匙。

而埃及展區精采的還不只這個，木乃伊也是古埃及的重點。埃及人重視的是死後的世界，認為人的靈魂會再回歸，所以在塵世的肉體必須保存完好；而生前越有錢、地位越高的人，他的木乃伊外棺也會越精緻華麗，所以很多木乃伊生前都是貴族。這裡可以看到幾具真正的古埃及木乃伊，有蓋著外棺的、外棺開起來展示內棺的、展示內棺裡軀體的，甚至還有乾屍。雖然乾屍感覺有點恐怖，但這木乃伊區還是整個博物館最吸引我的一個區

· 精細的古希臘雕刻

域。真的會想親眼看看，在那樣似神話的死亡信仰中，究竟是如何將一個人的軀體保存幾千年？如果靈魂真的回來，他在這樣的身體裡還會住得舒服嗎？我想啊，我是永遠都對古老神秘的事物沒有抵抗力的。

　　另一個時空之旅的重點是希臘展區。之前去希臘看到的都是一堆空蕩蕩的建築遺跡，原來啊，裡面的東西都到這裡來了哪。戰爭時期，英國為了保護古老文物免受摧殘，向希臘「買」了許多古物，後來就展示在大英博物館內；古文物是沒受戰火波及沒錯，但從來沒有證據顯示英國有付過錢。因此，經兩國政府協商後，最近英國的態度有鬆動，可能不久後會將這些東西「借」回去希臘長期展出。

　　這種情況在雅典衛城（Acropolis）最有名的巴特農神殿（Parthenon Temple）尤其明顯，就連在希臘博物館看到的文物都只有一些些。在大英博物館，有一間廳室是模仿巴特農神殿的大小形狀，那座神殿內部所有的東西都在這裡。其中包括原本在牆壁高處、整列環狀的雕像板，上面的主題是雅典娜女神（Athena）的生日慶典，人跟神夾雜其中，比較大、坐著的是神，比較小、站著的是人；在古希臘人的觀念中，人跟神是共存共處的。另外，在雅典衛城看到的伊瑞克提翁神殿（Erechtheion）少女列柱，其中真品缺少的那一根也是在大英博物館。

・聖保羅大教堂有名的大圓頂，從側面才看得完整

仔細看希臘雕刻，會發現它們的衣服皺摺細緻又栩栩如生，甚至能用石頭做出那種薄薄衣衫下人體若隱若現的感覺。這些雕像很多都沒了頭，但光欣賞他們的衣服，就能體會到古希臘雕刻家的巧手雕工。我一直覺得看希臘雕像是一種享受，他們的顏色通常偏向潔白或灰白，再加上神話故事的籠罩，好像每一件作品都綻放著光芒一樣。

　　如果沒有時間限制，來大英博物館真的要好好逛上幾天。我們的穿越時空之旅在意猶未盡中結束了，下一次我來啊，一定要把這段旅程再加長，把現實世界拋得更遠。

一步一世紀：聖保羅大教堂‧千禧橋
St. Paul's Cathedral‧Millennium Bridge

　　在倫敦，僅次於梵諦岡聖彼得大教堂、世界第二大的教堂圓頂──這是聖保羅大教堂。

　　從泰晤士河畔，就能看到111公尺的大圓頂，以及宏偉的教堂側面。這座教堂原建於604年，在1666年「偉大的火災」時被燒燬，後來由列恩爵士（Sir Christopher Wren）重建成這座巴洛克式建築，他也負責了火災後市區另外五十一所教堂的重建，但這座圓頂教堂是其中最偉大的傑作。1981年，黛安娜王妃（Princess Diana）和查爾斯王子（Prince Charles）的世紀婚禮就是在這裡舉行，雖然景物依舊、人事已非，但屬於這座大教堂的光芒依然閃耀。

　　從教堂側面往前走，到了泰晤士河畔，著名的千禧橋就在這裡。這座現代感十足的橋樑，是倫敦第一座專

· 從側面看千禧橋，遠處的圓頂就是聖保羅大教堂

屬行人的步行橋，因此又稱為 "Foot Bridge"，
2000年正式開通，後來又封橋重修，在2002年重新
開放。這座橋跟倫敦其餘的橋樑比，好像瞬間跨越
了好幾個世紀一般，這是座科技的結晶，挑戰了傳
統的橋樑技術。而它的樣貌也確實特別，由Y字型
橋墩支撐著光滑的橋面，遠看就彷彿水面上的刀
刃，但又像是鋼製的緞帶般有波折律動感。

　　千禧橋連接著聖保羅大教堂及對岸的泰德美
術館（Tate Modern）。走上橋身，從河面上吹來
的清風舒適宜人，身旁行人熙熙攘攘，鐵製的橋
面踩起來感覺特別不同。一回頭，前方不遠處就
是聖保羅大教堂的大圓頂，原來啊，在這兒只要
走一步，就可以穿越一個世紀了。

· 暮色中的千禧橋上

倫敦的靈魂：西敏寺·大笨鐘
Westminster Abbey · Big Ben

　　這一區，是倫敦的政權中心，主要的政治機構都在此，包括首相官邸和皇室的白金漢宮。過了泰晤士河，目光被吸引的是一座宏偉輝煌的建築，這是英國的國會大廈（House of Parliament）。

　　這也是座會令人震懾的建築，長266公尺，在陽光的照耀下它顯得金碧輝煌。十一世紀時的國王「懺悔者愛德華（Edward the Confessor）」在這個地方建了宮殿，此後這裡就成了倫敦的兩大中心之一，在十九世紀大火後又重建，但從1256年以來，這裡就一直是議會開會的地點。

· 國會大廈，左邊這座鐘塔就是大笨鐘所在

　　而遊人更容易被邊側的鐘塔所吸引，這就是倫敦著名地標之一的大笨鐘；大笨鐘原本指的其實不是鐘塔，而是有13.5噸重、每小時響一次的共鳴鐘。這名字聽來好笑，它其實是 "Big Ben" 的直譯；關於這個命名的由來有很多說法，有人認為是取自當時的設計監工Benjamin Hall，也有人認為是取自當時的拳擊手Benjamin Caunt。其中一個說法是當時的建築師名字叫Benjamin，他的身材又高又壯，就像這座鐘塔的形狀一樣，因此人們就用他的名字，戲稱這座鐘叫 "Big Ben"。

距離國會大廈和大笨鐘不遠處，就是皇室的重要教堂西敏寺。這也是座宏偉的建築，正面看好像不大，但到了側面，才發現它龐大的建築體。自1066年起，除了兩次例外，每次的英皇加冕典禮都是在這裡舉行，而英國皇室的重要場合也幾乎都選在這座教堂，包括幾年前黛安娜王妃的告別式。西敏寺更是數不清的名人死後長眠的地方，不只是大部分的皇室成員，許多政治人物、作家、音樂家、科學家等也都選擇葬在此地，可說是重要人士去世後的聚會所。

大笨鐘和西敏寺，倫敦的靈魂有一半都在這一區。不知道是不是因為身為政治中心的關係，這裡的感覺也更加莊嚴高貴。這時已近傍晚，遊人仍舊絡繹不絕，也許大家都想來感受一下位於倫敦重心的宏偉吧。

1. 西敏寺正面
2. 從西敏寺側面才看出它龐大的建築體

· 熟到不能再熟的《Mamma Mia》，首演劇院就在這裡，現在依然每天座無虛席。

倫敦之夜，音樂之夢：歌劇魅影 The Phantom of the Opera

有人說，來到倫敦不能不做的一件事，就是看一場音樂劇。

這裡是倫敦西區，夜晚的燈光閃爍。這兒是倫敦劇院的大本營，共有五十多家劇院聚集在這一區，許多家都有專屬演出的劇碼，如《歌劇魅影》、《Mamma Mia》、《悲慘世界（Les Misérables）》等等，從門口大大的招牌和看板就可以看出來。每天晚上演一場，而場場都會爆滿，沒事先買票還進得了場的機率是很低的。

其實在來倫敦之前，我們並沒想到要來看場音樂劇。後來才知道，原來看音樂劇是倫敦的夜生活之一，原來這裡的劇院和劇場文化這麼興盛，在倫敦現場看一場音樂劇是難以拒絕的吸引，

原來去年我才跟學校合唱團表演過的《Mamma Mia》就是在倫敦首演然後大受歡迎。

於是，就這樣，我們打算去碰碰運氣。在劇院區有一些半價票亭，專門以半價賣當天演出還沒賣完的票；但據說《Mamma Mia》的票已經是完全不可能有了，只能去現場排後補，於是我們想試試《歌劇魅影》——這齣風靡世界、我在高中合唱團也唱過幾首歌的劇碼。我們到得太晚，半價票亭只剩隔天的票，賣票的人建議我們去劇院現場試看看。

是說，我們的運氣真的是百年難得一見。最好的位置竟然還剩兩個——也只剩兩個——就被我們買到，其他三個人也買到了還可以的位置。這座劇院名叫 "Her Majesty's Theatre"，是《歌劇魅影》的專屬劇院，建築本身裝飾得古典高貴，一走進去有種錯覺，彷彿是十八九世紀的貴族來聽音樂會。裡面的觀眾席有三樓，每一樓都不大，第二三樓就像個大型陽台，圍欄的地方都造得金碧輝煌。

我們的位置很好，就在一樓前半的中央。開演後，每一幕幾乎都是一個震撼。雖然這些歌曲我早已耳熟能詳；雖然劇情我早已倒背如流；雖然我早已從影片看過這齣劇；但我就是不能不讚嘆。天哪，原來在倫敦現場看音樂劇的感覺真的這麼不一樣，你幾乎要被吸進主角的歌聲之中，掉進每個情節的起伏。也因為我們的位置很棒，劇中那盞大吊燈要掉落的時候，就是在我們的頭上晃，然後直直落下再瞬間往前滑到舞台上——必須說，雖然早就知道不可能掉下來，還是捏了一把冷汗。

舞台和內部空間都很小巧，但是真的要讚嘆他們的道具、機關和表演。每一幕的佈景都在瞬間就更換，一層一層，而且都顯得很逼真。謝幕的時候也是熱烈，到最後大家都站起來瘋狂鼓掌，演員們至少謝幕了四、五次；我從來沒看過觀眾這麼熱情的

· 歌劇魅影的票和節目單

謝幕，但我自己也控制不了，真
的覺得這場表演的句點就是必須
讓手一直拍、讓熱烈的氣氛一直
持續，這樣，才是倫敦的音樂劇之
夜呀。

步出劇院，恍如隔世，好像剛
才做了一場精采的音樂之夢一般。
劇院門口車水馬龍，又彷彿身在
十八九世紀的貴族世界；但我們決定
不當貴族，跟事前就訂票來看的共十
幾個人，大家搭地鐵回飯店，回到現實
的倫敦生活。

倫敦的地下鐵是歐洲最古老的地鐵，發達的程度超乎想像，
繁榮的區域有無數通道，就像土撥鼠在地下鑽一樣。從一個月台
到另一個月台，要穿過階梯或手扶梯通道到另一邊，這裡剛好是
比較老舊的區域，可以清楚看出倫敦地鐵的年代悠久。不過地鐵
本身行駛的速度很快，完全都在地面下行駛，很迅速地，我們就
到達了目的地，感覺像完成了一場地底探險。

望著倫敦的夜色，剛才劇院的燈光彷彿還在眼前閃爍。是
了，這說的太對了。來到倫敦，真的不能不去看一場音樂劇，這
才是真正的倫敦之夜。

這一晚，是我們的倫敦之夜，在燈光閃耀的音樂之夢中。●

清幽的貴族之地

溫莎
WINDSOR

晴時多雲偶陣雨，這是這天溫莎的天空。

抵達溫莎小鎮時，是近中午的時分，天空在潔白的雲朵間透出幾抹蔚藍。儘管還是早上，這裡已經人滿為患，一進溫莎古堡的停車場有點嚇到——天哪，這塊區域已經停滿了超過五十輛遊覽車！之前聽說夏季參觀溫莎古堡都要排隊，沒想到比想像中還誇張。

在進入城堡前，先欣賞幾眼溫莎小鎮的典雅街道。溫莎距離倫敦市區約四十公里，搭火車約五十分鐘就可以抵達。這是座集清幽與貴氣於一身的小鎮，她的街道典雅古樸，漫步其中可以很優雅又很悠閒；但她也到處充滿了皇室足跡，著名的貴族學校伊頓公學（Eton College）就緊臨著溫莎小鎮，而溫莎古堡更是這裡的重點。

皇室風采：溫莎古堡 Windsor Castle

這座廣闊莊嚴的城堡，就是五十多輛遊覽車的目標物。

溫莎古堡由國王「征服者威廉（William the Conqueror）」於十一世紀末建成，是英國仍在使用的皇家城堡中

· 城堡的中心就是這座「圓塔」（Round Tower）

1. 2. 溫莎古堡

最古老的，它曾是三十九位帝王的正式居所，也是現在女王鍾愛的週末住所。除了週末之外，女王一年中會有兩次來此居住，而每當有外賓來訪英國，這裡也會取代白金漢宮成為接待的場合。幾世紀以來，溫莎古堡一直是皇室典禮、儀式、宴會的舉行地點，因此，這裡的重要性並不輸白金漢宮。

　　走近溫莎古堡，還在城牆外圍，就看到一堆人聚集在城門附近。好奇地加入人群，看看這麼多人究竟是在等什麼。果然不久後，城門口就出來了一小隊衛兵，前面幾名穿著蘇格蘭服裝，邊行進邊吹著風笛；中間幾名穿著跟倫敦衛兵一樣的紅衣黑毛帽，打著大鼓小鼓前進；後面幾名穿著黑衣藍帽，肩上扛著長槍。是威風凜凜沒錯，不過啊，為了這短短不到三分鐘的過程，這一大堆人就不知道在這裡站了多久，這就是所謂遊人旺盛的意志力嗎？

　　穿過外牆和庭院，要進入城堡建築前還是長長的人龍。抬頭看天空，不知何時烏雲已悄悄籠罩，不一會兒，嘩啦啦的雨就灑了下來。好不容易躲進城堡室內，首先映入眼簾的是「瑪麗皇后娃娃屋（Queen Mary's Dolls' House）」。這座娃娃屋不是設計給小孩的，這是建築師Sir Edwin Lutyens在1924年送給瑪麗皇后的禮物；身為皇后的好友，這位建築師知道皇后喜歡小巧袖珍的物品，因此打造了這座精巧的作品。娃娃屋是模仿當時的倫敦貴族房屋，裡面有電力、流水系統，還有數以千計的人物、家具，都是按照一比十二的比例精細製作的。繞了一圈，真的很令人讚嘆，這完全就是活生生的二〇年代倫敦豪宅生活嘛，唯一的不同只是縮小了許多而已。

3. 參觀完室內走出來，旁邊就是城堡內庭　　4. 聖喬治禮拜堂的側面

　　戴著導覽機，我們可以照自己的步調在城堡內參觀，喜歡城堡的我就不知不覺在裡面待了兩個多小時。溫莎古堡是座皇室仍在使用的城堡，所以在裡面時不時就會遇到某個皇室場所。接待外賓的接待廳整個金碧輝煌，賓客沿著雍容華貴的紅地毯走上來，想必是很榮耀的感覺；女王接見新受封騎士的廳室也是氣派輝煌，在英國，被封為騎士應該是無上的光榮吧。沿著路線在城堡內穿梭，被華貴的裝飾和懸掛四處的皇室畫像圍繞著，彷彿無意中，闖進了皇室生活。

　　在又顯蔚藍的天空下，步出城堡建築，不遠處是聖喬治禮拜堂（St George's Chapel）。這座哥德式教堂建於十五世紀，是溫莎古堡中的經典建築，有十位君王被葬在這裡，包括亨利八世（Henry Ⅷ）與據說是他最愛的妻子——在生產中過世的第三任妻子珍·西蒙（Jane Seymour）。2005年，備受爭議的查爾斯王子（Prince Charles）和卡蜜拉（Camilla）的婚禮，就是在這座教堂接受宗教祝福。

　　走出溫莎古堡，在溫莎小鎮吃頓已經變成下午茶的午餐時，滂沱大雨又瞬間降了下來。或許在英國已經享受了這麼多天的好天氣，英國的天空覺得要給我們來點不一樣的氛圍吧？

　　無妨。無論是晴天、雨天，這座溫莎小鎮的貴族風采和清幽氣息，都絲毫不減。而我們，在小街小道，皇室的氣息漸漸淡去，但風中的清新，是會想一再回味的感覺。●

巨人堤道

貝爾發斯特

北愛爾蘭
(UK)

都柏林

莫何斷崖

基拉尼

凱利大環線

IRELAND

翡翠桃源：愛爾蘭

IRELAND

IRELAND

The

Trin

基拉尼
KILLARNEY

對愛爾蘭的第一個印象，就是綠色，很多很多的綠色。

從英國到愛爾蘭，是搭船橫越聖喬治海峽（St. George Channel）的。一上岸，車子一駛離碼頭所在的Wexford，沿路除了天、海，就是綠色，無邊無盡的綠色。廣大的綠野有時還有點點白羊點綴在上面，大部分是黑臉白身體，我稱作「黑面羊」的綿羊，總覺得毛是全白的綿羊會有張黑臉，真的不得不感嘆造物者的神奇。

來到愛爾蘭的第二天，就要來享受她的自然圓舞曲，豐富的天、海、湖、山景色，當然，無邊無盡的綠色一定是少不了的元素了。

天海之間：凱利大環線 Ring of Kerry

能夠遊覽凱利大環線，還是托我們熱心的司機Jack先生的福。

一般東方遊客來到基拉尼這一帶，通常只會遊覽基拉尼國家公園的小環線路線，原本我們也是計畫這樣的。但Jack先生建議我們擴大範圍走走凱利大環線，這是沿著基拉尼國家公園西方凱利郡（County Kerry）的一條環海

· 愛爾蘭和英國幾乎都是這種黑面羊

· 基拉尼國家公園內的Muckross House

1. 凱利大環線地形多變　2. 即使好天氣只有幾秒鐘也要抓住

路線，能看到比單純國家公園路線更多樣的美景，歐美人通常都會走這條路線。走這條路線必須多開一百多公里的車，但熱心的Jack先生認為我們遠道而來，不走這條就太可惜了，於是乎，凱利大環線行程就此成行。

　　Jack先生沒有騙我們，凱利大環線的景色真的是壯觀又多變。綠野是基本色，時而轉換成壯闊的海灣，時而變換成高低不一的山脈，湖泊、河水、溪澗更是點綴其中，田園牧野的景觀也不會少，可說能看盡各種景色。但唯一的一個關鍵點是——愛爾蘭的天空這天心情不好。

　　這天，我們充分體會到愛爾蘭變臉比翻書還快的天氣。才剛說著天氣不冷不熱很舒適，就開始下起了越來越大的雨，還伴隨不小的風；好不容易在車上開心地說太陽露出頭了，一下車烏雲又聚攏，最後是在雨絲中奔跑上車的畫面。美景戴上了雨霧面具，只能在朦朧中尋找景色稍微清晰的地方，或抓住陽光暫時戰勝風雨的幾秒，火速按下快門就衝上車。

　　難道是愛爾蘭的天空覺得我們的旅程不夠刺激？

山湖共舞：基拉尼國家公園 Killarney National Park

　　還好，進入基拉尼國家公園後不久，愛爾蘭的天空大概覺得耍我們也耍膩了，終於讓太陽露出頭來。

　　凱利大環線走到最後會接進基拉尼國家公園的路線，也就是我們原本行程就會走的那一段。國家公園的路線不再臨海，但綠色為主要基調的山林景觀依然不變，而這裡更多了不少山湖交錯的景色。基拉尼國家公園主要有三座湖泊：上湖（Upper Lake）、又稱作Muckross Lake的中湖（Mid Lake）和下湖（Lough Leane）。

　　而遊覽基拉尼國家公園一定得去的景點，Muckross House，即是位於Muckross Lake的湖畔不遠。這是座古舊但典雅的維多利亞式建築，由一位凱利郡議員Herbert在1843年所建造，英國的維

・基拉尼國家公園的湖泊

多利亞女王曾於1861年造訪這裡。環繞著宅邸周圍的是優美的翠綠草坪、樹木及花園，草坪的另一頭就是Muckross Lake。在陽光照射下，湖光山色和一大片蔭綠交織成一幅美景，伴隨著微風走在其中，真的很心曠神怡。幸好愛爾蘭的天空在這裡還給了我們好天氣，在這樣的環境漫步，不做什麼都是一種享受。

自然圓舞曲的終曲在基拉尼，這晚住宿的小鎮。從飯店信步而出，周圍都是雅緻的房子、小店和街道，小雨初歇的空氣中有種清新的氛圍，伴隨度假小鎮的氣息，似乎每一個步伐都不知不覺悠閒了下來。忽然，天空一片黑點點，原來竟是一大群烏鴉同時起飛，看起來超過上千隻！

· Muckross House旁邊草坪看過去就是Muckross Lake

1. Muckross House旁很
   漂亮的樹
2. 烏鴉漫天飛舞的景色

群起而飛後，這些數量龐大的黑羽身影便排排站地停在周圍的屋
頂上，頓時週遭房屋上都站滿了黑色小圓球，這下又從壯觀變成
可愛了。

　　綠色、水色、黑色，山林、湖海、烏鴉，這是我們的基拉尼
自然圓舞曲，以天空的喜怒哀樂奏了完整一曲，湖光山色。●

愛爾蘭飲品及樂舞

來到愛爾蘭，除了無邊無際的綠色風景之外，有幾樣屬於這座翡翠之島的「註冊商標」，是一定得體驗一下的。知道這些，才算看到了愛爾蘭文化。

眼淚的滋味：
愛爾蘭咖啡 Irish Coffee

說是咖啡，但也是一種雞尾酒；這是種混合了咖啡與愛爾蘭威士忌，並在杯面有一層漂浮奶油的飲料。關於愛爾蘭咖啡的起源，有許多不同的說法，或許其中有真實的故事，或許都是傳說。在喝愛爾蘭咖啡之前，要先說幾個故事。

首先，這是最普遍的西方版起源。最早的愛爾蘭咖啡出自於Joseph Sheridan之手，他是Foynes機場的餐廳主廚，這是愛爾蘭三大機場之一的Shannon國際機場的前導站。在1940年代的某一個冬夜，天氣極糟，一班載著一群美國旅客的班機沒辦法起飛，這群旅客只好回到了機場。Sheridan想要替這群疲憊的旅客暖暖身子，因此在咖啡中加入了愛爾蘭威士忌提供給旅客們。喝了這種特殊的飲料後，一名美國旅客好奇地問：

· 愛爾蘭咖啡

‧班拉底城堡

「這是巴西咖啡嗎？」Sheridan一笑，回答：「這是愛爾蘭咖啡。」

1952年11月10日，愛爾蘭咖啡出現在美國舊金山的Buena Vista咖啡館。旅遊作家Stanton Delaplane在愛爾蘭喝過這種飲料後，將它的配方帶回舊金山，使它出現在Buena Vista咖啡館的菜單上，並與咖啡館老闆Jack Koeppler共同研究出改良的調製法。之後，愛爾蘭咖啡在美國大受歡迎，並流行到全世界，成為世界性的特殊飲品。

聽完了普遍版的起源後，也有個浪漫版的。這個浪漫版的故事，出自於台灣小說家「痞子蔡」蔡智恆先生的小說《愛爾蘭咖啡》。這個故事由這個飲品的起源傳說發展，雖然不是真實的，但賦予了愛爾蘭咖啡更美麗的溫度。那麼，讓我來不自量力一下，說說這個痞子蔡先生的愛爾蘭咖啡，一個有關眼淚的故事。

故事開始的地點，是愛爾蘭首都都柏林的機場；故事的主角，是都柏林機場酒吧的酒保，以及一位美麗的美國空姐。當美國空姐第一次到都柏林機場酒吧，酒保就悄悄愛上了她；空姐每次到都柏林機場，都會到這間酒吧來喝杯咖啡，但她從來就不知道酒保的心意。於是，這位癡情的酒保決定調製一種特殊的飲料，專為他所愛的女孩所調製，把他對她的感覺都化入其中。他把愛爾蘭威士忌加入曼特寧咖啡，成了一種既是雞尾酒又是咖啡的新飲品，放入menu裡，叫做「愛爾蘭咖啡」，希望下次空姐來時會發現，點一杯來嚐嚐。

但這位空姐並沒注意菜單有什麼不同，仍是點著舊有的幾種咖啡，酒保也沒告訴她，只在心裡期盼有一天空姐會發現。就這樣過了許久，有一天，空姐終於發現了有種名為「愛爾蘭咖啡」的新飲品，欣喜若狂的酒保壓抑著情緒為她調製，但仍激動地流下眼淚，他偷偷用手指沾了眼淚，在要給空姐的愛爾蘭咖啡杯口抹了一圈。

空姐很喜歡這種新飲品，以後每次來酒吧都點這種咖啡。酒保和空姐也日漸熟識，每次來到酒吧，空姐都會和酒保分享她飛行生活所經歷的種種。但不久之後，有一次空姐來到酒吧，告訴酒保，她決定要回家鄉舊金山定居了。酒保壓抑著內心的撞擊，在這最後一次的相處中，教這位將不再是空姐的女孩煮愛爾蘭咖啡。

　　女孩回到了舊金山後，仍不時懷念愛爾蘭咖啡的滋味，但她找遍了大街小巷，就是找不到哪一家咖啡館或酒吧有這種飲品。輾轉中，她終於知道，這是都柏林酒保專門為她調製的。後來，她開起了咖啡館，在舊金山賣起了這種愛爾蘭咖啡，逐漸地，這種飲品在舊金山大受歡迎，成了一種流行。而都柏林的酒保在女孩離開後，仍舊把愛爾蘭咖啡留在menu中，讓來到都柏林機場的旅人都能嚐一嚐，這種以思念和眼淚而起的溫暖滋味。

　　這，就是痞子蔡先生的愛爾蘭咖啡眼淚故事。而我們，在進入凱利大環線前，先去喝了一杯愛爾蘭咖啡。是體驗的成分居多，因為我並不是個愛喝咖啡的人，也不習慣於喝酒。但愛爾蘭咖啡的味道真的很特別，咖啡和百分之三十至四十的威士忌，讓你不覺得你在喝咖啡，而是濃濃的酒味，喝完後喉嚨有熱熱的感覺。

　　浪漫版愛爾蘭咖啡故事，並沒有「兩人從此過著幸福快樂的生活」的圓滿結局。但也因為這樣，思念和眼淚的滋味才能一直保留下來，讓每個喝到這種飲品的人，都能體會一下，屬於「心」和「情」所帶來的溫熱。

酒吧到世界：健力士啤酒 Guinness

　　到了愛爾蘭，絕對不能忽略這兒名揚世界的產品——健力士啤酒。

　　這是一種以黑麥釀造而成的黑啤酒。由Arthur Guinness於1759年在都柏林所創設的釀酒公司出產，之後便以 "Guinness"

· 黑麥釀成的健力士啤酒

為這種啤酒的名稱，如今不只發揚到世界各個角落，更是愛爾蘭最重要的代表標誌之一。

其實以前的我是不敢喝啤酒的，但「體驗」為我的旅行基本原則，還是配著晚餐品嚐看看這種出名的健力士啤酒。一開始喝的時候不要只吸泡沫，要一口就喝到底下的啤酒，才能喝到好味道。不過別問我滋味，不愛喝啤酒的我是無法客觀形容的；但我可以告訴你，端過來時可以聞到特殊的啤酒香氣，印著Guinness的黑澄澄啤酒杯的確很有份量，而這種啤酒杯已經是愛爾蘭的標誌。

酒吧是愛爾蘭人生活的一部分，如果愛喝啤酒的人，來到愛爾蘭一定要點杯健力士；不愛喝啤酒的人，也不妨跟家人朋友共點一杯，嚐嚐這種名揚世界的味道，這是旅行一定要做的事啊！

塞爾特驚艷：踢踏舞·愛爾蘭音樂

講到愛爾蘭樂舞，一般人一定會先想到《大河之舞（Riverdance）》和《火焰之舞（Feet of Flames）》；我也是，忘不了高中時看火焰之舞影片的震撼。的確，踢踏舞是愛爾蘭名揚世界的另一個標誌。那麼，想知道它的起源嗎？

這是在英國高壓統治愛爾蘭的時期，當時不只沒有宗教自由，連愛爾蘭傳統文化都被禁，愛爾蘭人不能演奏愛爾蘭傳統音樂，不能使用愛爾蘭傳統樂器。

但愛爾蘭人並不是那麼容易就屈服的，即使英國兵不定時就會巡邏經過各個街道，愛爾蘭人仍是想辦法在他們的耳目之下，把愛爾蘭音樂傳承下去。在家裡，愛爾蘭人以口頭哼唱和腳打節拍的方式，繼續教他們的下一代愛爾蘭音樂。以口哼唱，在房屋外頭的英國兵不會

1. 城堡晚宴，城堡中的人也穿著中古世紀的服裝
2. 班拉底晚宴最後門口的吹奏

聽到他們在唱什麼；以腳打節拍，屋外經過的英國兵也看不到他們在做的事。

於是，這樣演變成了後來的踢踏舞，在解禁、愛爾蘭脫離英國之後，踢踏舞成了愛爾蘭特有的一種舞蹈表演。1994年愛爾蘭主辦的歐洲歌唱大賽中，準備了七分鐘踢踏舞表演，《大河之舞》使世界驚艷。直到今天，踢踏舞熱潮仍然持續發酵中，愛爾蘭的傳統文化不只沒被消滅，反而更加發揚光大，在全世界流轉。

同時，也不能忽略愛爾蘭音樂。早在還沒造訪過愛爾蘭時，我就已不知不覺愛上愛爾蘭音樂許久。從恩雅（Enya）而起，其實世界早就知道了愛爾蘭美聲；而《大河之舞》和《火焰之舞》，也讓世界聽到了塞爾特傳統音樂。這是熱情、美麗，但又純淨的一種音樂。

我們在班拉底城堡（Bunratty Castle）有一場城堡晚宴，雖然只是簡單的、模擬中古城堡宴會模式的晚餐，但聽的幾首歌仍能感受到愛爾蘭音樂之美。而對於我，特別注意到他們合聲的美麗，以及唱每一首歌所表現出來的充分表情，然後他們每一個人的歌聲之好更是不用說了。司機Jack先生也很熱心，在車上為我們準備愛爾蘭歌舞表演的DVD，我只能說，那會是我很想去看現場的一種音樂會。

如果想要沉浸音樂之美，或享受一場歌舞盛宴，去找找愛爾蘭音樂，你會聽到不一樣的聲音。●

莫何斷崖
CLIFFS OF MOHER

這天,最深的記憶就是風,好大好大的風。

但前進莫何斷崖,這個愛爾蘭最代表性的景點,是再大的風也阻擋不了我們的。據說來到這裡,有很大的機會都是陰雨迷濛或霧茫茫,但這天的愛爾蘭天空心情很好,在鄰近小鎮午餐過後,迎接我們的是綴著些微雲朵的晴朗青空。

莫何斷崖位於愛爾蘭中西部,在大西洋岸邊垂直聳立高達231公尺,由許多個斷崖層層相連而成,陡峭的岩壁沿著海岸延伸長達八公里。形成這座壯觀斷崖的岩石,可追溯回超過三億年前的遠古石炭紀後期,當時這裡是座現在已消失的平原,現在斷崖所在的地方是條大河的出海口。莫何斷崖是由許多種不同的岩石所組成,許多岩層的硬度都各不相同,而大自然的巧手到現在仍持續雕刻著莫何斷崖,海、風及雨的力量正緩慢地將岩石一點一點帶走,有一天大西洋將會整個帶走莫何斷崖。

因此,除了海之外,風就是這裡的主角。雖然在之前就有心裡準備會有很強的風,但一下車還是被迎面吹來

・壯觀的莫何斷崖

・斷崖奇景

‧從另一側看我們剛剛走過的地方，遠處崖頂圓圓的建築就是歐布萊恩塔

的風給震驚到了，這個⋯⋯已經不只是「很強」的風了，順向而走的話，人根本不用動作就會被風推著走了，用「狂風」來形容都還不夠吧。

爬到高處，沿著石板圍成的護欄而走，可以遠眺壯觀的斷崖景觀。步道就位於斷崖上，可從一側斷崖看另一側斷崖的景色，有石板圍欄的一邊是斷崖，另一邊是一大片翠綠色的草地。感謝天空給我們好天氣，這天的海是湛藍的，連接著天藍色的晴空，鑲著雲朵作綴飾，壯觀的層層斷崖就聳立在這樣美麗的背景中。

但好天氣歸好天氣，這跟狂風還是兩回事。沿著步道稍微走一段後就到了一座形似瞭望塔的城塔——歐布萊恩塔（O' Brien's Tower），這座塔建於1835年，就高高聳立在斷崖上的步道旁。

但看到塔還不是重點，重點是這裡的風真的「狂」到人快要站不住，順著風站就很難挺直站立著，逆著風就一定要很用力才能向前走，不然就得用跑的——真的看到好幾群人這麼做。

因此我們就決定不再往前走了，在頭髮吹得披啪亂飛的狂風中往回走，走到另一側的步道。這裡的風比較小了，但相對地就看不到那麼多層次的斷崖景觀。不過從這裡看我們剛剛走的另一側步道，石階上仍密密麻麻都是人，每個人在斷崖的襯托下都顯得那麼渺小，彷彿跟斷崖一比，我們都像要用顯微鏡觀察的微生物一般。真的，來到壯觀的斷崖才會感受到，大自然是多麼雄偉；海這麼遼闊，天這麼高，而站在斷崖上往下望、往前望，這是多麼高聳多麼偉大。

風和海，草原和些許花朵，藍天中的海鳥還有草地上的牛，交織在其中的是忽然變得很渺小的遊人。這首斷崖進行曲，在風中還要繼續前進。●

同·場·加·映

愛爾蘭傳統小屋

前往莫何斷崖途中經過的小鎮安達爾（Adare），這裡有愛爾蘭的傳統茅屋。

都柏林
DUBLIN

　　第一眼見到的都柏林，是雨，已經快變成愛爾蘭天氣標誌的綿綿細雨。

　　愛爾蘭的首都都柏林，在維京時代原本是維京人的定居地，流經市區的立菲河（River Liffey）帶下山上的泥炭，使河水成黑色，因此她的名稱在蓋爾語的意思是「黑色的水塘」。都柏林是不列顛群島中第二大的城市，僅次於倫敦，但走在古樸與現代並置的街道上，並不會感覺她有多喧囂擾攘。不，都柏林沒有一般大城市給人的感覺，相反地，她在繁忙中有悠閒，在塵囂中有清靜，她是座城市味不夠濃厚的大城市。

　　但是呢，遠道而來的遊人就是愛這樣的氛圍。都柏林卸下了大都會的冷漠疏離，這座城市仍然有人情味的感覺，就如同一般愛爾蘭人總是擁有的親切感。

收藏古老光芒：三一學院
Trinity College

　　我們到達三一學院的時候，是午後，學院外不算寬的道路上車水馬龍，黃色和藍色組成的雙層巴士一台台駛過，人行道也人潮洶湧。綿綿細雨依然飄著，雨，是這兒的第一景。

翡翠桃源・愛爾蘭

・三一學院內

101

1. The Long Room（明信片，攝影Liam Blake）
2. 圖書館前就有大大的凱爾書牌子

　　三一學院是愛爾蘭最古老的大學，1592年由女王伊莉莎白一世（Queen Elizabeth I）所建，在英國新教與愛爾蘭天主教對立的背景下，設立這所新教大學是為了怕年輕學生被天主教「感染」。現在這裡的學生已經大部分是天主教徒了，但在1793年之前，這裡只允許新教徒就讀；一直到1970年以前，學生到這裡就讀還要當地教區允許才行。而在以前無理的保守年代，三一學院也不允許女性就讀，一直到1904年才有第一位女性入學。多年來，三一學院出了不少文學、政治、藝術等界的名人，也包括多位諾貝爾獎得主。

　　穿過校園，來到三一學院必造訪的老圖書館就在眼前。這座圖書館是世界重要圖書館之一，自1801年的圖書館法以來，這裡就有權免費獲得英國和愛爾蘭境內出版的任何一本出版品，換句話說，任何在英國及愛爾蘭境內出版的書，幾乎都會送一本來這裡。因此，這裡的藏書量已有幾百萬冊，並且仍持續增加中。

　　走上圖書館建築的二樓，會看到一條兩旁滿滿都是書的長廊，這是 "The Long Room"，長六十五公尺，專門用來收藏三一學院最珍貴的書籍。兩邊書架的部份圍起來，中間有不定期更換的特展，我們去的時候正是拿破崙特展，玻璃櫃中放了不少有年代的史料。但更吸引我的是這條又高又長的拱型廊廳本身，

兩旁放了兩層樓滿滿的書架，且每一層的高度都遠超過一個人的身高，書架上的書光看它們的書背就知道非常古老，而這樣古老的書籍充斥了整間長廳。我的天哪！這些書的年代加起來應該可以超過世界形成的年代了吧，這整間廳室簡直是用充滿時光的文字所組成的。

然而，三一學院最有名的還不是這間圖書館本身，而是在圖書館一樓所珍藏的凱爾書（Book of Kells）。這是世界上最古老的手抄書之一，約寫於西元八百年的教士之手，是本有精緻圖文的四福音書，一般認為是寫於蘇格蘭海外的Iona島上，後來教士為躲避維京海盜而渡海到愛爾蘭境內的凱爾（Kells），但凱爾書究竟是寫於何地，至今仍是不可解的謎。早期基督生平與福音的傳播，大都憑藉福音書，又因為以前識字的人不多，因此福音書中除了拉丁文以外，還以許多圖案形式來表示福音故事。

· 凱爾書圖文內頁（翻拍自介紹書：Bernard Meehan：*The Book Of Kells,* pp 12 & 47, London : Thames & Hudson, 1994）

這是愛爾蘭最重要的珍寶，同時呢，也是我來愛爾蘭最想看到的東西。因為是珍寶的原因，凱爾書被保存在防彈玻璃櫃裡，每次參觀只能看到這本書中的其中兩頁，一頁文字一頁圖案；但光是看兩頁，就能感覺到它非凡的精細與華美。每一個文字或圖案都是細筆雕刻在牛皮上，字體之美足以超過現代的美術字，而圖案的部份更是精緻到令人讚嘆，不只顏色、線條的使用，光是框邊就精雕細琢得不得了。一千多年前就有這樣的鉅作珍品，難怪它是愛爾蘭的寶物了。

1. 聖派翠克教堂內部
2. 整座鳳凰公園都是像這樣廣大的綠地

宏偉的著跡：聖派翠克大教堂 St. Patrick's Cathedral

讚嘆完凱爾書，繼續到了同樣有歷史與宗教氣息的聖派翠克大教堂。

聖派翠克（St. Patrick）是愛爾蘭四世紀的傳教士，留下許多神蹟，更為愛爾蘭結束了蠻荒時期，後來被愛爾蘭人視為民族象徵。聖派翠克大教堂建於1191年，而現在所看到的大部分是十三世紀翻修的樣貌。《格列佛遊記》的作者Jonathan Swift曾在這裡擔任副主教，並在這期間寫下這部有名的作品；另外，音樂家韓德爾（Handel）著名的《彌賽亞（Messiah）》也是於1742年在這裡首演，由聖派翠克大教堂和基督大教堂（Christ Church）的聯合唱詩班演唱。

參觀過的教堂很多，對於年代久遠和名人事蹟，其實已經沒什麼特別的感覺，不過倒是注意到教堂牆上，許多面牆及長廊邊各隸屬於不同的家族，牆面越大、裝飾得越華麗就代表那個家族越有錢有勢。走一圈教堂，真的可以看到許多牆面，有些是墓碑或是紀念碑，原來家族的財勢還可以這樣看啊。

· 鳳凰公園的教宗十字架

空氣也是綠色的：鳳凰公園 Phoenix Park

說都柏林在喧囂中有清靜，有個原因就是因為她擁有一片廣大的世外桃源。

鳳凰公園原本不在我們的既定行程之內，但熱心的導遊說，這裡才是都柏林值得造訪的地方，於是，我們得以看到一片如此遼闊的綠地。鳳凰公園是全歐洲最大的城市公園，佔地有808公頃，車子一開進去，彷彿完全脫離了城市範圍，放眼望去四處都是大片大片的草原，就像打翻了綠油漆一般，極度豐沛的綠色、綠色、還是綠色。

這裡原本是皇家鹿苑，而現在的愛爾蘭總統府也在裡面，是一座藏在綠色林子中的白屋。我們下車的地方前面有一座小丘，小丘上有座巨大的十字架，這是在前教宗若望保祿二世1979年造訪這裡時所建的，當時有一百三十萬人齊聚在這座十字架周圍。而現在，省去壯觀的人潮，登上小丘可以讓眼睛盡情享受綠色，拂過的風也很清涼舒適。

公園的名字呢，其實原本跟鳳凰是沒有關係的。這座公園原名的意思是「乾淨的水」，因為發音很接近鳳凰（phoenix）這個字，演變到後來就變成「鳳凰」公園了。來到這裡，即使是短暫停留，也感覺到了原始「乾淨的水」的涵義——呼吸的每一口空氣似乎也都是綠色的，就像綠色那麼純淨，那麼舒適，令人忘了「急促」的定義。

回到都柏林市區，正好是下班時間，只見人潮一波一波地從最熱鬧的歐康諾大街（O' Connell Street）湧過。不過，繁忙只是這裡的一層塵衣，當脫下這層塵衣後，這座城市藏著的是可以清靜享受的桃源。●

Northern Ireland

洗盡塵灰：北愛爾蘭

NORTHERN IRELAND（UK）

NORTHERN IRELAND

貝爾發斯特
BELFAST

　　踏進北愛爾蘭（Northern Ireland）首府貝爾發斯特時，是帶著點朝聖的心情的。

　　北愛爾蘭，在我腦海中還是很模糊的歷史名詞時，就知道是個曾浸泡在混亂中的地區。如果說，英國和愛爾蘭的宗教和政治是對立的話，北愛爾蘭就是這些對立的首當其衝點，而北愛首府貝爾發斯特更是一個長期的戰場。

　　1921年，經過「英愛戰爭」後，愛爾蘭自由邦成立，但有一個妥協：愛爾蘭北方阿爾斯特省（Ulster）的六個郡仍是屬於英國。愛爾蘭脫離了英國，但從此，這塊在愛爾蘭島上的英國土地就內戰不斷。愛爾蘭信奉天主教，英國則是與其對立的新教，而北愛爾蘭大部分是住在愛爾蘭的新教徒。因此，英國的合約要求這一塊地方；也因此，造成了這塊地方的分裂，大部分人是歡慶加入英國的，但也有支持者要併入愛爾蘭。

　　北愛爾蘭成為英國土地後，1998年，北愛爾蘭共和軍在協議中宣布放棄武力鬥爭，但一直到2005年後衝突才真正緩和。儘管大局勢已經走向和平，但直到今天，仍可以在北愛爾蘭

・市政廳，左邊就是摩天輪

· 另一個方向看市政廳

街上看到許多不同的旗幟；我們經過貝爾發斯特的一個路口時，就是一邊的建築掛著英國國旗，一邊的樓房懸著愛爾蘭國旗。

之所以說「朝聖」，是因為在來之前已經讀過太多有關北愛血淚的歷史了。那些大大小小的戰役，那些曾流在貝爾發斯特的血淚，那些英雄與權勢者，那些為與不為，to be or not to be的矛盾與牽絆，都是北愛爾蘭曾經走過的。

來到這座城市的第一個晚上，就捨不得放棄歐洲夏季仍充足的天光，於是，我們到了貝爾發斯特的市政廳（Belfast City Hall）。這是座灰白色的文藝復興建築，天青色圓頂，前方還有一小片草坪，中央立著維多利亞女王雕像。一切都很正常，甚至很典雅宜人，只除了：在這麼古典的建築旁立著一座現代感的摩天輪。隔天白天再來造訪，當地導遊也有同感，笑著說：的確挺奇怪的，也許下個月就會移到別的地方去了。

嗯，其實也無妨啦。我也在心裡笑著想。這樣啊，摩天輪變成這裡印象最深刻的景觀了呢。而且無論如何，這座市政廳都不會失去它典雅的氣息，因為它跟著貝爾發斯特走過血淚，無論融入多少現代元素，它都不會失去原本擁有的雍容面貌，以及優雅氣質。

活著的校園：皇后大學 The Queen's University of Belfast

　　貝爾發斯特的早晨，天氣還有點涼，這時的皇后大學安安靜靜，卻有種隱約的喧囂傳出，彷彿有什麼慶典即將破空而出。

　　這天是他們的畢業典禮，導遊這樣跟我們說，這也是為什麼我們要這麼早就在這裡的緣故。皇后大學是北愛爾蘭第一所建立的大學，在1845年的建造期間，維多利亞女王曾來到這裡，放置一塊基石作建造奠基。它的建築是仿英國牛津大學其中一個學院，原本稱作皇后學院（Queen's college），後來才改制為大學（University）。

　　很喜歡歐洲大學的建築，或者應該說，走在歐州大學的校園中就是一種享受。和台灣很多所學校同樣是磚紅色建築，但和皇后大學第一個照面的感覺就是典雅與古樸美感，暖色調又加上了

・皇后大學

一點童話城堡的氣息。從大學校園可以直接通到隔壁的植物園（Belfast Botanic Gardens），沿途都是綠意盎然的草地、樹木，大學本身就是一座公園的感覺，而植物園更是它的延伸擴張。

植物園有一座造型很特殊的建築，細密的白色直條劃過圓體的透明牆，這是棕櫚屋（The Palm House）。它是維多利亞時期的鑄鐵溫室，建於1840年，是早期的歐洲代表性溫室。這真是很古典的溫室建築呢，細密的白條紋華麗又不失優雅，襯著前方草

地和鮮艷的花朵，好像有種童話故事就該發生在這種場景的感覺；而前方的幾座雙人椅也襯托得恰到好處，文藝電影的感覺也就是這樣吧。

‧植物園的棕櫚屋

‧皇后大學校門口都是身著學士服的畢業生和親朋好友

· 鐵達尼號當初造船的地方

經過玫瑰花園，繞了一圈之後又回到皇后大學前方。這時已不似之前剛到時的寧靜，廣場上聚集了不少身穿學士服的畢業學生及親友，校園裡也到處可見到畢業生們的身影，似乎正為接下來的活動蓄勢待發。整座校園瞬間「活」了起來，天氣呢，也溫暖了。

沉澱，沉澱著：Titanic

來到貝爾發斯特，一定會注意到一件憾動世界的歷史災難——鐵達尼號（Titanic）。

相信大家都知道，號稱「不沉之船」，卻在1912年處女航時撞上冰山沉沒，造成重大死傷的鐵達尼號。這艘船，就是在貝爾發斯特建造及啟航的。來到離市區不遠的海岸邊，就會看到造這艘船的造船廠H&W（Harland and Wolff），當初鐵達尼號就是在這個地方建造的。鋼架、起重機和廠房仍在，"H&W"的公司字樣也仍印在鋼架上，但這家公司現在已不再造船，而是發展風力發電。

往前一點，會看到一艘郵輪停泊在岸邊，這不是鐵達尼號的樣子，卻是當年鐵達尼號停泊的地方。1912年，轟動世界的巨船就在這裡等待出航，上百名乘客就是在這裡上船，等待展開一場以為是輝煌的旅程；1912年，世界羨慕的眼光就是聚焦在這裡，完全不曉得這並非盛宴的開端，而是一場災難的序幕。

・白色船的地方就是鐵達尼號當年的停泊處

　　如今，歷史悲劇已落幕，巨船的身影也葬身海底，但故事綿延不絕。貝爾發斯特市政廳前有個紀念碑，紀念在鐵達尼號災難中喪生的貝爾發斯特市民。沉澱著往昔，沉澱著曾經，沉澱著是與非，沉澱著喜與悲，沉澱著，但永遠不會被忘記。

　　就像貝爾發斯特這座城市，現在屬於英國，但亦佔著北愛爾蘭首府的重要地位。想像中，這座城市應該是滿布塵灰的，肅穆及暴戾之氣應該還未消除乾淨；但不，並不是的。現在看到的貝爾發斯特，是一座欣欣向榮的都會區，過往的蛛絲馬跡仍看得到，但這座城市在走著，向前走著。

　　不會忘記，但不停止地，走著。●

巨人堤道
GIANT'S
CAUSEWAY

有些地方，即使你事先就知道是奇景，還是會被它震懾一番。這裡，是北愛爾蘭的巨人堤道。

進入堤道之前，要先說一個故事。故事的主角是一個遠古愛爾蘭巨人，名叫Finn MacCool，這位巨人打算要跟他的對手——蘇格蘭巨人Benandonner決鬥。他用一根根岩柱在海上鋪設了一條道路往蘇格蘭去，但當他看到Benandonner前來的身影時，發現這位蘇格蘭巨人比他想像中還要壯大，便嚇得逃回家中。

Finn MacCool的妻子替他解決了危機。她叫Finn扮成嬰兒，躺在搖籃中，等Benandonner到來時，她邀請他進屋坐坐，說她先生還沒回家，搖籃中的是他們的兒子。Benandonner一見，Finn的兒子就如此巨大，那父親一定更不得了，便落荒而逃；為了怕Finn本人追趕而至，Benandonner沿途更毀壞了海上的石頭道路，剩餘的部分便成了今天的巨人堤道。

這天，北愛爾蘭的天空也對我們很好，不只風和日麗，連陽光都探出頭來了。在見到奇景的盧山真面目之前，我們先來一段健行。這裡也有接

駁車可以直接到巨人堤道所在處，但我們選擇走海岸旁峭壁山上的道路，從那裡可以俯瞰海岸景觀，然後再往下走到海岸旁的道路，往回走就會看到巨人堤道，這樣走一圈約一個半至兩個小時左右。

說真的，除非腳不方便，不然來到這麼棒的地方不走走路就太可惜了。這裡雖然也有海風，但不像莫何斷崖那麼「兇猛」，搭配上這天心情很好的天氣，走一走還會流汗呢。在峭壁山上走，一邊是海灣，俯瞰可以看到各式各樣奇形怪狀的地

，在上面走，俯瞰下方。海灣突出的地方就是巨人堤道。

形，還有在下面那條路上行走的遊人；另一邊是翠綠的田園，青草隨著微風擺動成陣陣草浪，綠中更點綴著一些小巧的房屋。走在這樣的地方，景觀海闊天空，心也海闊天空。

俯瞰巨人堤道

1. 巨人堤道奇特的岩柱
2. 這塊石頭叫做「巨人的鞋子」

　　走下狹窄的階梯，再沿著壁旁的小路走，就會到了剛才一直看到的，海岸旁的道路。往前走一段，逐漸地出現了一片玄武岩石柱，首先看到的很高，然後散佈了一大片高高低低的石柱，每一根都是整齊的五、六邊型平面。爬上像階梯一般的石柱，然後——breathtaking！我們到了！雖然早就知道是奇景，但還是會忍不住讚嘆巨人堤道的雄偉。

　　巨人堤道位於愛爾蘭島的北方沿岸，是由超過38000支玄武岩石柱組成的海岸奇景。這些玄武岩柱高度從六到十二公尺不等，多是五邊形和六邊形，也有少數四、七、八邊形的，高高低低沿著海岸散佈了一大片。這個壯觀的景色在1986年被列入聯合國世界自然遺產。

　　這些奇特的玄武岩形成於六千萬年前，當地球上的陸塊由一整大塊分裂成像現在的好幾小塊時，由裂開處噴發出岩漿，這些

・山壁上，神奇的柱狀結構。

岩漿覆蓋了本來是河床的這裡，遇到海水後快速冷卻形成玄武岩。這些熔岩冷卻並破裂，形成像泥巴乾涸後出現的規則裂痕，但不像泥巴只在表層破裂，這些玄武岩一直分裂到岩流深處，形成一根根的柱狀，且都是規則的四到八邊形。

　　跟著巨人的腳印，我們在高高低低的巨人堤道上爬來爬去。這真的是從未見過的奇景，不管從正面看、側面看、爬在上面看、走在底下看，都很難相信自然之手會形成這樣特殊的景觀，也許相信這是巨人建的還比較容易。讓人不得不讚嘆大自然的鬼斧神工。

　　沿著海岸旁的路再走回出發點，這次要加快腳步，因為神奇的巨人堤道已經在不知不覺中把我們的時間都吸光了。一樣風和日麗，太陽懸掛在天空看著我們笑，那我們就來學巨人好了，即使不能形成奇景，還是可以大步前進。

　　我們也可以，邁一個大步前進！●

國家圖書館出版品預行編目

深呼吸，英國‧愛爾蘭 / 邱千瑜著. --
一版. -- 臺北市 ： 秀威資訊科技, 2010.04
面； 公分. --（西歐地區 ；TI0002）
BOD版
ISBN 978-986-221-430-5（平裝）

1.旅遊文學 2.英國 3.愛爾蘭

741.89   99004614

西歐地區　　TI0002

深呼吸，英國‧愛爾蘭

作　　　者/邱千瑜
發　行　人/宋政坤
執 行 編 輯/黃姣潔
圖 文 排 版/李孟瑾
封 面 設 計/李孟瑾
數 位 轉 譯/徐真玉　沈裕閔
圖 書 銷 售/林怡君
法 律 顧 問/毛國樑　律師
出 版 發 行/秀威資訊科技股份有限公司
　　　　　　台北市內湖區瑞光路583巷25號1樓
　　　　　　電話：02-2657-9211　傳真：02-2657-9106
　　　　　　E-mail：service@showwe.com.tw

2010 年 4 月　BOD 一版
定價：240 元

讀 者 回 函 卡

感謝您購買本書，為提升服務品質，請填妥以下資料，將讀者回函卡直接寄回或傳真本公司，收到您的寶貴意見後，我們會收藏記錄及檢討，謝謝！
如您需要了解本公司最新出版書目、購書優惠或企劃活動，歡迎您上網查詢或下載相關資料：http:// www.showwe.com.tw

您購買的書名：_____

出生日期：_____年_____月_____日

學歷：□高中 (含) 以下　　□大專　　□研究所 (含) 以上

職業：□製造業　□金融業　□資訊業　□軍警　□傳播業　□自由業
　　　□服務業　□公務員　□教職　　□學生　□家管　　□其它_____

購書地點：□網路書店　□實體書店　□書展　□郵購　□贈閱　□其他

您從何得知本書的消息？

　□網路書店　□實體書店　□網路搜尋　□電子報　□書訊　□雜誌
　□傳播媒體　□親友推薦　□網站推薦　□部落格　□其他_____

您對本書的評價：（請填代號　1.非常滿意　2.滿意　3.尚可　4.再改進）

　封面設計____　版面編排____　內容____　文／譯筆____　價格____

讀完書後您覺得：

　□很有收穫　□有收穫　□收穫不多　□沒收穫

對我們的建議：_____

_____

_____

_____

11466
台北市內湖區瑞光路 76 巷 65 號 1 樓

秀威資訊科技股份有限公司　　　收

BOD 數位出版事業部

⋯⋯⋯⋯⋯⋯⋯⋯⋯⋯⋯⋯⋯⋯⋯⋯⋯⋯⋯⋯⋯⋯⋯⋯⋯⋯⋯⋯⋯⋯⋯⋯⋯⋯⋯⋯

（請沿線對折寄回，謝謝！）

姓　　名：＿＿＿＿＿＿＿＿＿＿　年齡：＿＿＿＿＿　性別：□女　□男

郵遞區號：□□□□□

地　　址：＿＿＿＿＿＿＿＿＿＿＿＿＿＿＿＿＿＿＿＿＿＿＿＿＿＿＿＿

聯絡電話：(日) ＿＿＿＿＿＿＿＿＿＿＿ (夜) ＿＿＿＿＿＿＿＿＿＿＿

E - m a i l：＿＿＿＿＿＿＿＿＿＿＿＿＿＿＿＿＿＿＿＿＿＿＿＿＿＿